성공하는 리더십을 위한
101가지 이야기

성공하는 리더십을 위한
101가지 이야기

류재섭 지음

단비P&B

들어가며 _008

I. 권력이란

II. 성공하는 리더십이란

III. 싸움에서 이기려면

IV. 인재를 구하라-좋은 참모란

사람들은 역사를 보면서 소크라테스나 공자 때와 지금이 무엇이 달라졌는지 궁금해한다. 이 말은 수천 년이 지나도 정치는 별로 달라진 게 없다는 역설적인 표현이다. 정치와 권력의 민낯 앞에 진보와 보수란 이데올로기는 포장에 지나지 않을 수도 있다. 이데올로기로써의 진보와 보수는 사실상 종말을 고했고, 지금은 가치로써의 진보와 보수 정도만 남아 있다. 진보주의자이지만 군대에 가고 제사를 지내고 벌초를 하는 등의 행위에 담겨 있는 보수적 가치를 부정하지는 않는다. 진보가 우리가 가야 할 방향이라면 보수는 우리가 딛고 서 있는 현실이자 디딤판이기 때문이다. 수천 년의 시간 동안 제도는 많이 발전해 왔지만, 진보와 보수의 대립보다는 정치권력을 둘러싼 정의와 불의, 그리고 진실과 거짓의 대립이 수천 년간 끊임없이 이어지고 있다.

그러다 보니 제도 또한 진보와 보수라는 프레임에서 권력의 본질을 설명하는 데는 한계가 있다. '인간은 정치적 동물'이라고 아리스토텔레스가 말한 것처럼, 정치란 본질적으로 사람의 본성의 문제이며, 사람과 사람의 관계라고 할 수 있다. 즉 모든 사람의 관계는 정치적이며, 여기에는 정치 게임이 존재한다는 것이다. 눈에 보이는 것을 다 믿어서는 안 된다. 불의가 정의로 둔갑하고 거짓이 진실로 위장하면서 과거에도 피비린내 나는 싸움을 했듯이 현재에 와서도 여전히 싸우고 있다.

처음에 쓰고 싶었던 글은 21세기 버전의 『논어』였다. "왕은 왕다워야 하고, 신하는 신하다워야 하고, 백성은 백성다워야 한다"는 공자의 말씀은 바로 사람의 관계가 정치이며, 여기에서 각각의 담론 주체 간 다양한 갈등과 긴장 관계가 존재한다는 것을 간파하고 있었다는 것을 의미한다. 필자는 2천여 년이 흐른 현재적 관점에서 동서양의 다양한 이론을 접목하여 새롭게 발전시키려고 노력했다.

정치나 권력을 잘 모르는 일반인들에게는 신문과 뉴스를 볼 때 많은 도움이 될 것이고, 정치 일선에 있는 리더들과 참모들에게는 일독할 만한 선행 사례가 되기를 바란다.

이 글은 필자가 시작했을 뿐, 완성된 글이 아니라 끊임없이 만들어져 가는 과정의 글이다. 101가지 이야기에서 멈추자는 것이 아니라 200가지, 1천 가지 더 많이 더 다양하게 독자 여러분 각자의 영역에서 이 글을 완성시켜 주리라 믿는다.

I. 권력이란

권력이란 사람의 관계를
정의하는 데서 시작한다

아리스토텔레스 말처럼 인간은 정치적 동물이다. 사람과 사람과의 관계에는 자연계의 중력과도 같은 권력 관계가 존재한다. 한 가정을 예를 들면, 결혼하기 전에 혼자 있을 때는 권력 관계가 생기지 않지만, 결혼해서 둘 이상 있을 때는 권력 관계가 형성된다. 아이가 생기면, 아무 말도 못하는 아가지만 부부 둘 사이의 권력 관계에 상당한 영향을 준다. 우리는 태양이 지구에 영향을 주는 것을 잘 못 느끼지만, 조그마한 달의 인력이 우리의 삶에 큰 영향을 주고 있다고 느끼고 있다.

관계란 크기가 중요한 것이 아니라 자기의 삶에서 어떠한 역할을 하느냐가 더 중요할 수 있다. 끊임없는 간섭과 개입이 관계망을 복잡하게 만들고 불확실성을 키우고 있다. 사람의 관계는 자연 상태에서는 토마스 홉스의 말처럼 "만인대 만인의 투쟁"으로 가려는 경향이 있다. 그래서 이러한 사람의 관계에서 질과 양, 서열과 순서, 위상과 역할 등등을 정의해 주는 것이 권력이라고 생각한다.

공자에 따르면 "임금은 임금다워야 하고 신하는 신하다워야 하고 백성은 백성다워야 한다"고 한다. 너무나도 당연한 말처럼 들리지만, 공자가 이 말을 하게 된 배경은 예로부터 왕이 리더로서의 왕 역할을 하기 쉽지 않았고 신하는 참모로서 본분을 지키기 쉽지 않고 국민들도 자기의 권리와 의무를 다하는 것이 쉬운 일이 아니기 때문이다.

봉건적이고 보수적인 유교문화의 상징인 삼강오륜에는 패러독스가 있다. 즉, 군신유의君臣有義란 말은 왕과 신하 사이에 신의를 지키는 일이 어렵기 때문에, 군신 간의 신의의 중요성을 말하고 있는 것이다. 실제 역사를 보면 대부분의 왕은 신하를 불신하며, 신하들은 왕의 눈치를 보면서 이익을 도모하거나 반역을 도모하기도 한다. 설령 초기에는 좋은 관계였다고 하더라도 시간이 흐르면 엔트로피가 증가하듯 권력 사이에도 불만과 불신이 증가한다. 군신유의란 너무나 당연한 말처럼 보이지만 쉽지 않다. 왕권이 강했던 조선시대조차 3대가 왕을 한 경우가 많지 않았음을 간과해서는 안 된다. 부자유친, 부부유별, 붕우유신 등등도 마찬가지다. 자식을 키워 본 부모들은 부자지간에는 친해지기 어렵다는 것을 알며, 결혼을 해 본 사람은 부부지간의 역할 구분(시대적 차이를 인정하더라도 성적 역할이나 사회적 역할에 있어서)도 모호해지고, 나이가 들면 친구 사이에도 믿음을 오래 유지하기 어렵다는 것을 경험으로 알게 된다.

역사상 유능한 책사나 참모와 리더들의 관계를 보면 대부분 비극적으로 끝난다. 오월동주로 유명한 오나라왕 부차와 그의 신하였던 오자서와 손무도, 마지막 승자로 패권을 잡은 월나라왕 구천과 그의 신하 범려와 문종도, 항우와의 싸움에서 승리하고 천하를 통일한 한나라의 유방과 그의 참모였던 장량과 한신도 끝이 좋지 않았음을 기억해야 한다. 이방원과 그의 부하들처럼 권력의 불길이 강해질 때 한 줌의 부나방으로 타 버린 참모(또는 신하)들의 이야기는 동서고금을 막론하고 차고 넘친다는 것을 기억해야 한다.

부부유별의 경우도 왕권이라는 절대권력이 주어진다면 부부지간의 역할이 더 모호해지기 쉽다. 모든 여성이 그렇다는 것이 아니라 권력을 잘 아는 일부 예외적인 여성의 경우를 말한다. 당나라 때의 여걸 측천무후, 청나라 때의 서태후 같은 인물은 무능한 남편이나 자식을 대신하여 권력의 최정점에 섰던 인물들이다. 현재 대한민국 윤석열 대통령의 무능함 뒤에 권력의 실세로 김건희 여사가 떠오르는 것은 우연일까. 역사를 보면 적법성이 없거나 정통성이 없는 권력은 훨씬 잔인하고 폭력적이다.

한자漢字를 보면 친구란 붕우유신의 붕朋과 우友 두 가지가 있다. 우린 붕우를 친구라는 하나의 단어로 이해하지만, '우'란 어려서 같이 손잡고 논 친구라는 상형자에서 나온 한자다. 반면 '붕'이란 함께 같은 길을 가는 동지를 의미한다. 권력이나 자본 앞에서 평생을 같이할 '붕'의 의미의 친구를 찾는 것은 쉽지 않다.

국회의원들에게는 많은 보좌진들이 왔다 가고, 또 국회의원이나 보좌진들에게도 많은 친구들이 왔다 간다. 그 사람들의 면면을 살펴보면 간단치 않음을 알 수 있다. 술자리에서 가장 많이 듣는 말 중 하나는 그 만남, 그 믿음이 계속 유지될 수 있다면 대통령도 만들 수 있었을 것이라고…

권력 총량
불변의 법칙

질량불변의 법칙처럼 권력의 총량도 불변한다는 것이 필자의 가설이다. 대통령의 권한이 100인데, 대통령이 50밖에 사용하지 않는다면, 누군가 그 50을 사용하고 있거나 할 수 있다는 뜻이다. (물론 예외적으로 100의 권한을 가지고 150의 권한을 행사하는 사람도 있지만, 여기서는 일반적인 상황을 말한다). 어느 조직에서도 권력 총량 불변의 법칙은 적용된다. 리더는 자기의 권력을 어떻게 행사하는지를 알고 통제해야 하며, 유능한 참모들은 리더가 행사하지 않은 권력을 위임받아 사용할 줄도 알아야 한다.

이러한 일들이 시스템에 의해 이루어져야 한다. 그렇지 않고 특정인에게 집중하는 것은 조직을 망치는 일이다. 무능한 리더는 통제하지도 위임하지도 않는다. 그 결과 참모들의 직권 남용이나 비선실세들의 국정농단으로 이어지게 된다.

　　같은 양의 권력으로 최대의 효과를 보는 방법으로는 태극권의 사량발천근四兩撥千斤이란 말을 이해할 필요가 있다. 넉 량으로 천근의 무게를 다스린다는 의미로, 의역하면 작은 힘으로 상대방의 큰 힘을 제압한다는 뜻이다. 훌륭한 리더는 자신의 힘을 사용하는 것이 아니라, 상대의 힘을 이용할 줄 아는 사람이다.

권력은
정보로부터 나온다

권력이란 정보intelligence로부터 나온다. 국가권력을 유지하는
데 정보기관이 중요한 이유다. 정보를 가진 사람들은 이를 통
해 조직과 개인을 통제하거나 돈을 벌 수도 있다. 또한 필요한
정보를 얻고 관리하고 통제하는 힘이 권력이다.*

정보의 홍수 시대에 살면서 정보의 격차는 갈수록 커진다.

---

* 우리나라에서는 information과 intelligence를 둘 다 정보情報라고 번역하고 있지만 영어나
중국어에서는 명확히 구분하고 있다. 중국어에는 information을 신식信息이라 번역하고 있는
데, 글자 그대로의 의미는 '믿을 만한 소식'이란 뜻이다. 정보情報란 '단순 소식을 넘어 전체 정
황을 누군가에게 보고해야 할 내용'이라 할 수 있다. 여기서 정보는 'intelligence'를 말한다.

토플러가 말한 것처럼 세상은 갈수록 정보를 가진 자와 가지지 못한 자로 나뉘어지고 있다. 지금은 인쇄술이 발명되기 전, 특수 집단이나 지식인들만 글자를 보던 때가 아니다. 관심, 배경 지식, 정치적 성향 등등에 따라 한 시대를 살아가지만 각각 다른 생각을 하는 담론의 집단의 틀에 갇혀 있다.

문서화된 정보는 이미 다 알려진 것이거나 결국은 알려진다. 아무리 비밀을 지키려는 정보라 할지라도 처음에는 소수에게만 알려지지만 결국은 다 알려진다. 반면 기자들은 취재원들과 식사를 하면서 보도되지 않은 정보를 얻는다. 기자들은 정치인들로부터 취재되지 않거나 기사화할 수 없는 속사정을 알게 되는 것이다. 정치인들의 언행에 어떤 일관성이 있다면, 먼저 그 배경을 이해해야 한다. 그러면 그다음 행동까지 예측이 가능하다. 알려지지 않는 가족관계나 사생활, 특정 이익집단과의 관계, 영향력을 행사할 수 있는 사람과의 관계 등등에 관한 배경 정보가 진짜 고급 정보다. 이런 정보들은 특히 정치인들이 예측 가능하지 않은 이해할 수 없는 행동을 할 때, 이해하는 데 큰 도움이 된다.

정치인들이 거짓을 말하거나 진심이 아닌 것을 진심처럼 말한다고 해도 속지 말아야 한다. 사람이 살아온 과정과 경험은 결코 거짓을 말하지 않기 때문이다. 정치인들도 보통 인간들처럼 아름답고 선한 가면 뒤에 숨은 추한 모습을 감춘 양면성을 가진 존재들이다. 가면 뒤의 모습을 알아야 정치를 제대로 이해할 수 있다. 검찰이나 국정원은 국가권력을 이용해 그 가면을 강제로 벗기거나 들여다보려고 한다. 그것을 통해 정치인들을 통제하려고 하거나 통제해 왔다.

언론에 어떠한 사건이 기사화되었을 때, 그 사건이 지금 발생한 것이 아니라 지금 보도되었음을 잊어서는 안 된다. 그 의도와 배경을 들여다볼 수 없다면, 당신은 정보를 가진 자가 아니라 정보에 이용당하는 존재일 뿐이다.

향원을
경계하라

  공자가 소인배보다도 미워하는 사람이 바로 향원鄕愿이다. 맹자는 향원을 설명하는 말로 사이비似而非라는 말을 사용했다. 덕이 있고 고상한 척하고 다니지만 사실은 그렇지 않은 인물을 말한다. 현실 정치에도 향원들이 있다. 지역에서 평판이 좋고 정의롭고 진실된 사람으로 알려져 있지만 실제로는 인기에 영합하고 권력에 아첨하거나 말 한마디 못하는 비굴한 인물들이 더러 있다.

  대한민국은 정치학적으로 볼 때, 사실상 진보정당이 없고 보수정당만 존재하고 있다. 특히 양대 보수정당은 서로의 경험과 성향, 이해관계에 따라 어느 당에 있어도 어색하지 않은 상황이 연출된다. 공천을 받기 위해 이 당 저 당 기웃거리는 인사들이 많은 것도 이러한 이유다. 예전에 우연히 '국민의힘'의 정당 강령을 본 적 있는데, 상당히 잘 만들어졌고 꽤 진보적이라는 느낌을 받았었다. 더불어민주당도 더 말할 나위 없이 훌륭한 정강정책을 가지고 있다. 그런데 양당의 다수 국회의원들은 자당의 정강정책보다도 자신의 정치적 생존을 위해 정치를 한다. 국가예산 확보했다고, 민원 해결했다고 자기 홍보에만 열을 올리고 있다. 국가와 국민은 제쳐 두고, 정당의 이익보다도 자신의 이익을 앞세워 정치를 한다면 그것이 바로 향원이 아닐까.

21세기의 향원들은 민주주의라는 제도에 기생하며 다양한 방법으로 영향력을 행사하고 정의나 소신이라는 이름으로 자신의 행위를 정당화한다. 공자나 맹자가 향원을 특히 싫어했던 것은 그들이 일반인들로 하여금 진실을 말하는 것처럼 믿게 만들어서 많은 사람들에게 해악을 끼치기 때문이다.

자기 개인의 이익을 추구하거나 특정 집단의 이익을 위하여 정치를 하는 사람들, 말로는 정의를 외치지만, 뒤에서는 적당히 타협하고 야합하는 사람들, 개혁을 주장하지만 나아가야 할 때 물러서고 힘을 모아야 할 때 이탈하는 사람들, 자기만 옳고 다른 사람들은 틀렸다고 주장하는 사람들이 바로 21세기의 향원이 아닐까.

노무현 전 대통령은 자기 자신을 '구시대의 막내'라고 표현했다. 누군가 자신을 딛고 새로운 미래, 새로운 정치를 열기 바란다는 뜻이었을 것이다. 노무현이란 정치인에게 '구시대'란 무엇이었을까. 3김시대(김영삼, 김대중, 김종필)의 오랜 적폐인 '지역주의', 돈으로 표를 사는 '돈 선거', 능력보다 계파를 중요시하는 '계파 정치', 무소불위의 '제왕적 대통령'이었을지 모른다. 그래서 지역에서 할거 중인 '향원'들을 걸러 낼 수 없는 낡은 시스템이 바로 구시대 아니었을까. 구시대의 막내이고 싶었던 노무현 전 대통령의 소원은 아직까지 실현되고 있지 않은 것 같다. 양당이 경쟁적으로 도입한 당내 경선제도는 향원을 걸러 내기는커녕 향원들의 기득권을 한층 더 강화시켜 주었다. 우리가 현실 정치에서 향원을 구별해 내지 못한다면, 빛이 어둠을 이기고, 진실이 거짓을 이긴다는 것은 요원한 일일지도 모른다.

리더의 두 가지 길
해의 길과 달의 길

정치, 경제, 사회, 문화 영역의 리더들 중에는 해와 같이 스스로 빛을 내는 발광체와 같은 존재가 있기도 하고 달처럼 햇볕을 받아 빛을 내는 반사체와 같은 인물도 있다. 태양과 같은 존재는 대통령과 같은 큰 지도자의 길을 가는 인물이지만 누구의 도움 없이 홀로 우뚝 서 있기 때문에, 홀로 그 무게를 견뎌야 하기 때문에 외롭고 힘들 수 있다. 특히 리스크가 발생했을 때, 그 리스크를 나눠 줄 사람도 없고 언론의 집중포화를 대신 맞아 줄 사람이 없다. 그걸 이겨 내야 국민들은 그를 진정한 리더로 선택한다. 하느님이 큰일을 맡기기 전 가혹한 시련을 준다는 맹자의 말처럼…

해와 달의 길은 선택의 문제보다는 성향의 문제에 가깝다. 현실 정치에서 많은 리더들은 달의 길을 가고 있다. 달이 뜨면 사람들은 굳이 북극성을 찾지 않아도 동쪽을 알 수 있다. 때로는 해보다도 더 크게 보이기도 하고, 심지어 달들이 연합을 하여 해를 견제하기도 한다. 태양의 중력은 너무 커서 우리가 잘 느끼지 못하지만 달은 지구와 가깝기 때문에 태양보다도 지구의 중력에 더 크게 작용한다고 느낀다.

참모들 입장에서는 태양은 너무나 강렬해서 자기들도 타죽을 수 있다는 두려움이 있지만 달은 편안하게 누릴 수 있다는 장점이 있다.

국민들은 모두 달이라고 알고 있는데 해가 되려는 달도 있다. 국민들은 해와 달을 정확히 구분한다. 그래서 대통령제인 우리나라에서 성공한 경우는 없었지만, 내각제 국가라면 달들이 연합하면 가능할 수도 있을 것이다.

청년이 없는 정치는
미래가 없는 정치다

몇 년 전부터 동년배들과 미팅을 하면 "요즘 아이들은…", "나 때는…" 하는 말이 많이 나온다. 그때쯤 '꼰대'의 대명사처럼 '라떼'라는 말이 유행하기 시작했던 것으로 기억한다. 젊은 친구들은 경험이 부족하고, 철이 없고, 좌충우돌하는 존재라는 것을 부정하고 싶진 않다. 우리도 그렇게 해서 지금 여기까지 왔다는 것도 부정할 수 없는 진실이다.

그런데 더 부정할 수 없는 중요한 차이는 우리가 현재라는 같은 공간에서 살고 있지만 시간이 지날수록 그들은 미래이고 우리는 과거라는 것이다. 이른바 MZ세대가 무슨 생각을 하는지, 무엇을 하고 싶어 하는지, 무엇을 좋아하는지… 그것이 아니 그 속에 우리의 미래가 있다는 것을 잊지 말아야 한다.

정치권에서는 어느 정당을 막론하고 청년 정치인을 발굴하고 육성할 계획을 수립하고 이를 당헌 당규에 반영하고 있다. 청년기본법 제3조에는 청년의 나이를 19세 이상 34세 이하로 규정하고 있는데, 진보정당을 포함한 어느 정당도 그 기준을 충족시키지 못하고 있다. 양대 정당(더불어민주당과 국민의힘)에서 청년이란 만 40이 넘은 나이다(국민의힘 : 만 45세 미만, 더불어민주당 : 만 45세 이하, 2022년 기준).

청년이 없는 정치는 미래가 없는 정치다. 우리 정치에서는 이미 소비자 선호도가 있는 상품을 키울 생각은 안 하고 당장 팔아서 장사할 생각만 한다. 그러다 보니 청년 정치인들의 주기가 짧다. 인생 3대 불행 중 하나라는 '少年登科(어려서 출세하는 것)'의 길을 가는 경우가 많다. 청년 정치인은 나무를 심듯 길게 보고 발굴하고 육성해야 한다. 청년들도 조급증을 버리고 길게 보고 준비하고 훈련해서 나이 40에 대통령 도전해도 이상하지 않은 나라를 만들어야 한다.

2012년 오바마 대선 캠프에서 수석분석관을 맡았던 오바마의 재선을 승리로 이끈 29살의 다니엘 와그너라는 데이터 과학자, 그는 당시 29세였다. 그는 54명의 애널리스트와 엔지니어를 이끌고 방대한 유권자 데이터를 통합적으로 분석하고 이를 이용해 마이크로타기팅을 통한 효율적 선거전략을 세웠다. 중국의 역사를 보면 더 화려하다. 손자, 상앙, 제갈량, 주유 등도 20대에 세상을 바꾼 천재들이다. 그러나 그들보다 위대한 것은 그들을 선택한 리더십이었다는 것을 주목해야 하지 않을까?

007

권력투쟁은 내부에서의 전쟁이 더 치열하고 비열하며 비정하다

『손자병법』은 "전쟁이란 국가의 흥망이 달린 문제이니 신중하게 결정할 문제"라고 시작하고 있다.

　권력은 단순히 경쟁하는 것이 아니라 사활을 건 전쟁(또는 투쟁)인 경우가 대부분이다. 협치라는 말은 권력 게임에서는 사치다. 투쟁의 본질을 감추기 위한 포장지에 불과하다. 협치가 '달들의 연합'이 될 경우, 대통령제의 권력 독점과 내각제적 나눠 먹기라는 권력자들 간의 이익 연합이 될 가능성이 크다. 자기들의 이익은 극대화하고 리스크는 최소화하기 위한 제도적 안전판으로써 협치를 말하고 있다. 그런데 협치, 즉 거버넌스란 여야 간의 권력 나눠 먹기가 아니라, 이해 관계자로서의 시민들이 참여하는 의사결정구조를 말하는 것인데, 한국에서는 내각제로 가려는 꼼수가 되고 있다.

투표가 총알이라는 말이 있듯, 현대 민주주의체제에서 한 국가 내부의 전쟁은 선거로 귀결된다. 대통령선거, 국회의원선거, 광역·기초 단체장선거, 교육감선거, 대학총장선거, 광역의원, 기초의원선거 등등. 선거를 치르는 민주주의라는 제도하에서 선출직 권력이 존재하는 한 선거가 전쟁터다.

적과의 싸움은 내부를 결속시켜 주지만, 권력투쟁이라는 내부에서의 전쟁이 더 치열하고 비열하며 비정하다. 통상 당내 경선이라는 절차를 통해 내부 전쟁을 치르고, 공당의 후보가 되어 외부의 적과 전쟁을 치른다. 내부의 전쟁은 당의 지도부 등 공천권자들과의 다양한 딜deal을 통해 누군가 유리한 고지를 점령하고 싸운다. 이겨 놓고 싸운다는 『손자병법』의 전략처럼 당내 경선은 여론조사 1등이 항상 이기지 않는다. 박빙의 승부일수록 당내 권력이라는 중력의 영향에 따라 휘어진 쪽이 이길 가능성이 커진다. 하지만 외부 적과의 싸움은 여론조사 1등이 이길 가능성이 크다. 다시 말하면, 외부 적과의 싸움보다 내부 적과의 싸움이 훨씬 많은 변수가 있으며 복잡하다. 따라서 선거에 출마하려면 내부의 전쟁을 어떻게 돌파할 수 있을지부터 계획을 세워야 한다.

미국식 민주주의 선거제도에서 차용한 경선제도라는 것이 국내 거대 양당을 막론하고 내부 전쟁에서는, 특히 정치 신인들에게는 현역 국회의원, 지방자치단체장 등의 기득권과의 싸움이 된다. 기성 정치인이 현직으로 자리 잡고 있는 조건에서, 당내 경선이란 민주주의라는 이름으로 치러지는 가장 민주적이지 않은 제도다. 현역 정치인들은 확보한 당원 수에서도 앞서고, 인지도에서도 훨씬 앞서기 때문에 약간의 보정이나 가산점으로 승부를 뒤집지 못한다. 화무십일홍 권불십년花無十日紅 權不十年이란 말이 무색할 정도로 대한민국에서 10년 넘은 권력은 흔해졌다. 우리나라 정당의 경선제도 문제를 해결하기 위해서는 자치단체장처럼 3선 금지까지는 아니더라도 국회의원 동일 지역 3선 제한 원칙은 도입돼야 한다.

008

팬덤 정치는
당내 기득권과 반비례한다

팬덤이란 특정한 인물이나 분야를 열정적으로 좋아하는 사람들 또는 그러한 문화현상을 이르는 말로, 통상 연예계나 스포츠계의 팬 집단을 일컫는 말로 사용되었다. 1980년대 조용필, 90년대의 서태지에서 현재 BTS의 아미까지 수많은 팬덤이 있었고 앞으로도 있을 것이다.

　우리나라 정치에 대중적인 팬덤 현상이 처음으로 나타난 것은 노무현 전 대통령의 노사모가 아닐까 싶다. 그럼 노사모가 왜 만들어졌을까. 역사적인 문제이므로 깊이 얘기하지는 않겠다. 노사모가 이인제라는 당시 가장 강력했던 여권 후보 대신 당선 확률이 낮은 노무현을 선택한 이유는 무엇일까. 김대중 대통령이 역사적인 정권교체를 이루어 냈지만, 김대중 대통령 이후에 민주당을 이끌 지도자가 눈에 띄지 않았다. 가장 유력했던 이인제는 국민의힘(당시 신한국당) 출신으로 민주당과 정체성이 맞지 않다 보니, 당시 민주당 내부는 이인제 쪽으로 기울고 있었지만, 일반 당원들과 지지자들은 '바보 노무현'에게 매력을 느낄 수밖에 없었을 것이다.

노사모 이후에 '0사모' 등의 이름이 유행처럼 번져 나갔다. 그런데 가끔은 특정 개인을 향한 또는 위한 개인적인 팬덤 현상을 넘어설 때가 있다. 노사모도 노무현 대통령 당선 이후, 순수 팬덤으로 남을 것인가 아니면 독자적으로 정치세력화할 것인가 고민하다가, 결국은 몇몇 강성파들에 의해 정치세력화하면서 공천경쟁에 뛰어들어 팬덤을 넘어 권력투쟁으로 발전했다. 민주당이 열린우리당으로 분당되는 잠재적인 원인 중의 하나가 되었을 것이다. 그 결과, 제17대 총선에서는 당시 운동권 비주류라고 하는 비메이저 대학 총학생회장 출신들이 민주당으로 대거 국회에 입성했다.

이재명 대표에게 '개혁의 딸'이라는 개딸들은 어떠한 존재일까. 노사모와 크게 다르지 않다고 본다. 그들은 혁명가가 아니다. 문재인 대통령 당선을 통해 비민주적이고 반인권적인 적폐 청산뿐만 아니라 민주적인 가치에 의해 잘 사는 나라를 만들어 보자고 하는 바람이 당내 기득권 세력에 의해 무산될 위기에 처하자, 그들은 더이상 문재인을 맹목적으로 믿지 않고 스스로 촛불을 다시 들고 일어섰다. 대통령이 바꿀 수 없더라도 자신들이 직접 바꾸겠다는 희망을 가지고… 그때 그들의 눈에 보인 정치인이 바로 이재명이었다.

이재명 대표가 대선에서는 패배했지만 더불어민주당 비주류 출신의 후보로서 여전히 강력한 팬덤의 지지를 받고 있다. 그 이면에는 기존의 민주당 내부의 주류 기득권을 교체하고자 하는 팬덤들의 요구도 있고, 그 뒤에 숨어서 공천권을 노리는 몇몇 야심가들의 사심도 있다. 아마 이재명 후보가 대통령 선거에서 이겼다면, 분당까지는 안 갔더라도 친문 중심의 기존 주류 기득권 교체를 위한 권력투쟁은 불가피했을 것으로 본다. 문제는 대선에 패배했고, 윤석열 정부에서 검찰권을 총동원해서 이재명 대표를 압박하는 현 상황에서 개딸들이 이재명 지킴이가 되고 있다. 이재명이라는 개인을 지키는 것이 목적이 아니라 이재명으로 대표되는 '개혁'을 지키는 것이 그들의 목적임을 간과해서는 안 된다.

팬덤은 그 정치인이나 그 정당으로서는 축복받을 일이다. 더불어민주당은 기득권에 안주하지 말고, 팬덤에서 젊고 유능한 개혁의 동력을 발굴하여 키울 그런 그릇들을 만들어야 한다.

009

계파 정치는
공천권을 중심으로 돈다

『걸리버 여행기』에서는 삶은 달걀을 어떻게 까느냐를 가지고 공론이 나뉘고 전쟁이 일어나는 현실 정치를 풍자한다. 조선 시대에 예법 문제로 붕당 정치를 촉발한 것도 비슷한 맥락이 아닐까 싶다. 민주주의 국가인데도 여전히 '니편내편'의 계파 정치는 엄연히 존재한다.

어떤 조직이든 공식적인 리더와 비공식적인 리더가 존재하며, 비공식적 리더로는 몇 명의 좌장급의 리더가 있다. 정당의 공식적 리더는 당대표이지만 당대표의 권한 행사는 법규 외에도 각 당의 당헌, 당규에 의해 제약을 받는다. 기업의 오너처럼 일정 정도 지분을 가지고 있지 못하기 때문에 오너와 같은 영향을 행사할 수도 없다. 있는 권한이라고는 당직 인사권 정도다. 그러다 보니 국회의원이나 기초·광역자치단체장 등 선출직 당직자에 대한 공천권으로 눈을 돌리는 것은 자연스러운 일일지도 모른다.

그러나 당내 기반이 취약한 사람이 당대표가 되었다면, 이것은 언감생심이다. 지방선거에 영향을 행사하는 정도를 비교한다면 몇몇 특수 지역을 제외하고는 당대표보다 지역위원장 또는 당협위원장 들의 영향력이 광범위하게 작동한다. 국회의원 공천에서도 공천룰을 만드는 것부터 선출직 공직자들에 평가, 심사 등등의 제반 과정에서 당대표는 사무총장을 중심으로 회의체를 구성할 권한 외에 다른 특권은 없다.

대한민국 선거제도는 결국 공천권 문제로 귀결한다. 나의 공천에 영향을 줄 수 있는 사람이 누구인가를 판단하고 선택해야 하는데, 그 대상이 반드시 당대표가 되어야 할 이유가 없다는 것이다. 그러다 보니 자연스럽게 계파 정치가 형성되어 유지되어 온 것이다. 계파 정치를 필요악으로 봐야 할지, 아니면 한국 정치를 후진적으로 만드는 악습인지는 논외로 하자. 정치란 본질적으로 권력투쟁을 하는 집단이다. 중력이 큰 쪽으로 사람들의 쏠림이 있는 것은 피할 수 없는 현상이기 때문이다.

010

입법부는
미래를 움직인다

삼권분립을 시간의 흐름으로 보면, 사법부는 과거의 일에 대한 법적 판단을 하는 기능을 한다. 행정부는 현재의 법에 따라 법적·행정적인 판단을 하고 집행을 한다. 오직 입법부인 의회만이 미래의 법에 대한 결정을 한다. 현실 세계의 문제점을 진단하고 불확실한 미래에 대한 예측을 통해 법을 새로 만들거나 개정하는 역할을 한다. 과거에 집행한 예산 사업이 목적에 맞게 제대로 사용되었는지를 보는 결산 기능도 있지만, 1년 앞 미래에 대한 예산편성과 심의에 더 중요한 역할을 한다. 물론 국회의 입법권에도 많은 제약이 있다. 예산권의 경우 심의권밖에 행사하지 못한다. 그것도 전체 예산의 1%도 못 미치는 정도만… 나머지는 정부가 다 한다고 해도 과언이 아니다. 입법권도 행정부나 공공기관의 청부입법이 대부분인 것이 정치 현실이다.

그럼에도 법을 바라보는 시점이 사법부, 행정부, 입법부 각각 과거, 현재, 미래라는 차이는 분명하다. 과거는 평가하고 판단할 수 있다. 방금 지나간 현재도 과거가 되기 때문에 평가받고 판단된다. 사법부와 행정부는 대부분 일부 계약직을 제외하고는 대부분 늘공(고시 등 시험출신 공무원)으로 구성되지만, 입법부인 국회는 대부분 정치인들로 구성된다. 미래의 문제에 대한 어젠다를 던지는 것은 학자들의 몫일지 모르지만, 미래의 불확실한 문제에 대하여 최소 2개의 거대 정치집단들이 머리를 맞대고 숙의도 하고 싸움도 하는 곳이 의회이다. 과거에 대한 평가, 현실에 대한 진단, 미래에 대한 예측을 동시에 진행한다. 법적, 행정적 사실뿐만 아니라 약간의 상상력과 통찰력이 필요한 영역이다. 현실에서는 정당이라는 프레임이나 이데올로기 속에 갇혀 있긴 하지만…

정치인들의 미래에 대한 정치적 판단에 대해 국민들은 5년마다, 또는 4년마다 선거를 통해 평가할 뿐이다. 역사라는 긴 호흡에서 보면 그 평가의 옳고 그름은 또 다른 문제지만, 적어도 대한민국은 뒤로 가지는 않았다. 지금까지는…

'더 300'의 국회,
국회란 대한민국의 미니어처다

여의도 정치를 일반인들과는 동떨어진 특수한 특권 정치집단으로 오해하는 경우가 있지만 국회를 자세히 들여다보면 대한민국의 미니어처라는 것을 알 수 있다.

국회에는 국회의원인 자와 아닌 자로 나뉜다. 국회에는 300명의 국회의원과 600명의 보좌관(보좌진은 보좌관 포함 약 2,500여 명)이 있고, 이를 지원하는 국회사무처 공무원들이 있다. 국회의원 300명은 선출직과 비례대표로 나뉘고, 정당별로도 상임위별로도 나뉜다. 지역구를 기반으로 하는 각각의 개별 국회의원(비례대표 국회의원 제외)은 과거 봉건시대 제후들처럼 지역에서 군림하지는 못하지만 자기 지역을 기반으로 정치를 한다는 공통점은 있다.

각각의 국회의원은 독립적인 헌법기관으로, 고향, 출신, 경력, 성격, 성향이 모두 상이하다. 300명의 국회의원과 보좌진을 한마디로 대한민국의 축소판이라 해도 무방할 정도다. 내가 원한다면 대한민국 안에서는 어디에서 무슨 일이 일어나고 있는지 바로 알 수 있다. 처음 국회에 들어온 초선 국회의원들은 상임위원회나 정당이나 국회 내 다양한 회의체를 통해서 국회의원 서로를 알게 된다. 보좌진들도 마찬가지다. 예전에는 보좌진들이 회의에 국회의원들과 함께 참가하거나 대신 참여하기도 했지만, SNS의 발달로 국회의원들 간의 직접적인 비대면 소통뿐만 아니라 대면관계가 많이 늘어났다.

국회의원들 간의 관계는 본질적으로 경쟁적이다. 선출되는 과정에서부터 살아남기 위해서도 경쟁적일 수밖에 없다. 타 정당과의 경쟁보다 같은 정당 내부에서의 경쟁이 더 치열하다. 이러한 경쟁으로 인해 국회의원들은 우선적으로 우수한 보좌 인력 확보를 필요로 한다. 국정 전반에 관한 높은 수준의 이해를 가지고 민생입법과 지역 예산 확보에도 경쟁적으로 나선다. 이것이 순기능이라 할 것이다.

경쟁의 부정적인 면은, 의원실만의 내밀한 정보, 특히 자신(해당 의원실 국회의원)과 관련된 부정적인 정보들은 폐쇄적이고 은밀하게 관리된다는 것이다.

국회에는 약법삼장의
지혜가 필요하다

법치주의에 근간을 둔 현대 민주주의는 법을 통해 권력투쟁도 하고 법을 위해 권력투쟁을 하기도 하는데, 그 법의 중심에 있는 것이 바로 국회의원이라는 정치인이다. 정치인들 중에 법을 밥이라고 표현하는 경우도 있다. 즉 민생 입법을 하겠다는 의미다. 하지만 현실은 과연 어떨까.

영어를 보면 우리나라 국회의원에 대한 다양한 표현이 있다. Member of the National Assembly(공식 표현), Congressman(미국 하원의원과 같은 의미) , 그리고 Law maker(또는 legislator) 등등으로 표현된다. 이중 '입법자'를 의미하는 로메이커Law maker란 단어는 삼권분립 정신에 따라 의회의 고유 권한으로 부여된 입법권을 강조하는 말이다.

현실 정치에서는 정부입법이나 청부입법(정부나 관련 단체, 협회 등등으로부터) 등으로 인해 그 의미가 많이 퇴색되어 있고, 또 시행령이나 시행규칙을 통한 행정부의 행정입법권의 남용으로 많은 제약을 받고 있다.

하지만 의정활동 평가에 공동발의나 대표발의, 개정법률안, 제정법률안 등등에 관한 배점표가 만들어져 있기 때문에 국회의원들과 그의 보좌진들은 경쟁적으로 입법을 하고 있다. 법안 만드는 일이 일상적인 업무 중 하나로 자리매김했다. 제대로 된 법안 하나 만들기가 얼마나 어려운지 만들어 본 사람들은 안다. 국회의원들의 실적 경쟁은 법안의 품질을 떨어뜨리고 청부입법을 활성화시키는 역효과를 초래한 것은 사실이다. 하지만 모든 법안이 그렇지는 않다. 정말 땀 흘려서 만든 소중한 법안들도 있다.

법률안을 검토할 때는 이 법을 통해 무엇이 달라지는지 또는 무엇이 개선되는지를 가장 먼저 봐야 한다. 그리고 이 법을 통해 영향을 받거나 이 법에 영향을 주고 있는 이해관계 집단들을 만나 봐야 한다. 그리고 그 규정이 강제조항 또는 의무조항인지 임의조항 또는 권고조항인지 봐야 하고, 그에 따른 처벌 규정 유무를 살피고 법률로써의 실효성을 봐야 한다.

10년이면 강산도 바뀐다고 한다. 또 두드리면 열린다는 말이 있다. 처음에는 안 될 것 같은 법안들도 누군가 계속 발의하면 통과되는 경우를 많이 봤다. 그런 법안들은 소수, 약자 등등 그동안 법으로부터 소외되었던 계층 관련된 것들이거나 글로벌 스탠다드와 거리가 멀었던 관행에 관한 것이다. 법이란 사회나 시장에서 상황이 발생하고, 당사자들 간의 갈등이 발생하고 나서야 후행적으로 만들어지는 경우가 많다. 충분히 쿠킹되는 과정에서 쟁점이 최소화되고 타협점으로 수렴되어 만들어지는 것이다. 물론 아직도 자기 자본 없이 아파트 건설을 가능하게 만든 부동산 건설업자들을 위한 전세제도와 같은 우리나라만의 독특한 제도는 바꾸지 못했지만…

법은 엔트로피처럼 계속 증가하는 속성이 있다. 규제가 규제를 낳는다고… 공무원들은 규제를 관리하는 기관을 만들고 자신들만을 위한 고급 일자리를 창출한다. 규제를 없앤다고 하면서 또 다른 규제를 만든다. 이것이 대한민국의 관료들이다. 저출생 문제를 해결한다고 아기 한 명당 1억 원 정도의 예산(2006년부터 400조 원 이상으로 추정)을 써 왔지만 정작 아기들에게 직접적으로 돌아가는 혜택은 1천만 원 정도로 1/10 수준이다. 복지전달 서비스에서 발생하는 과도한 행정비용이 효율을 떨어뜨리고 있다.

한고조 유방이 항우보다 한발 앞서 진나라 수도에 입성했을 때, 진나라의 과도한 법치로 인해 고통받던 백성들을 위해 법률을 간소화하는 '약법삼장約法三章'을 발표했었다. 법을 바꾸지 않고 정부가 시행규칙만 바꿔도 공공기관에서는 약관을 바꾸고 내규를 바꿔야 한다. 그냥 바뀌는 것이 아니라 그것을 바꾸기 위해 각종 위원회라는 절차가 필요하다. 절차의 촘촘함이 사적 권력 사용의 남용을 막을 수는 있지만, 더 큰 도둑은 막지 못할 수도 있다. 절차란 어떠한 일을 못 하게도 하지만, 이명박 전 대통령 때의 4대강 사업처럼 하지 말아야 할 일에 정당성을 주기도 하기 때문이다.

코로나19 때 보았듯이 우리나라는 높은 수준의 민주주의를 하고 있지만 여전히 관치(행정통제)가 통하는 나라다. 오랜 봉건사회 관료통치의 전통에서 비롯되었을지도 모르지만, 이제는 우리 국민들의 높은 수준의 시민의식을 믿고 행정통제를 과감히 줄이고 민주 시민들의 '자율과 책임의 원칙'으로 전환하도록 하는 지혜가 필요하다.

013

내가 통솔할 수 있는
범위는 어디까지일까

다다익선多多益善이란 말이 있다. 통솔의 범위에 대하여 한신과 유방이 나눈 대화에서 나온 말이다. 당시 한신은 유방이 천하를 통일한 후에 토사구팽 되어 초나라왕에서 회음후로 강등된 상태였다. 유방이 한신에게 자기가 얼마의 군대를 통솔할 수 있겠는지 물어보았을 때 한신이 말하기를, 유방은 10만 명 정도 될 것이라고 했고, 한신 본인은 다다익선, 즉 많을수록 좋다고 한 데서 유래한다. 한신은 군인으로서는 뛰어난 장수였지만 정치 감각은 없었던 것 같다. 결국 이 말이 한신을 죽음으로 몰고 갔을 것이다.

　통솔의 범위는 어느 정도일까. 옛날 중국은 최소의 병력

단위를 5명으로 했다. 다섯이란 다섯 손가락이 모여야 뭐라도 잡을 수 있다는 자연철학에서 나왔다는 말이 있다. 현대 군사학에서는 3명으로 줄였다고 한다. 한 사람이 효율적으로 통솔할 수 있는 사람의 수는 3명이라는 것이다. 1개의 군에는 3개의 군단이, 1개의 군단에는 3개의 사단이, 1개의 사단에는 3개의 여단이, 1개의 여단에는 3개의 대대가, 1개의 대대에는 3개의 중대가 있고, 1개의 중대에는 3개의 소대가 있고, 1개의 소대에는 3개의 분대가 있고 1개의 분대에는 3X3=9명이 있다. 이것이 현대 군대의 기본체계이다.

한신이 다다익선이라고 한 것은 조직과 시스템에 대한 이해가 되어 있기 때문이다. 일반적인 사람은 3명 정도라고 보는 것이 맞다고 생각한다. 옛날 군대 편제도 삼군(육해공군이 아니라 위치에 따라 좌중우 등으로 편성)으로 되어 있다는 것을 보면 3이라는 숫자가 효율적인 통제의 범위가 아닌가 싶다.

식사를 할 때 4명 테이블에서는 하나의 주제로 대화가 가능하지만 그 범위를 넘어서면 하나의 주제로 대화하는 것이 가능하지 않다. 이런 경우 술잔 돌리기를 하거나 건배사를 강요하면서 집중도를 높여서 20명이 넘는 인원을 이끌 수는 있지만 그것도 잠시일 뿐, 계속하기 어렵다. 리더 1명이 처음 보는 3명과 밥을 먹는 경우, 리더는 대체로 넘버2를 주시하면서 대화한다. 넘버3와 넘버4에 대한 관심은 제곱에 반비례하는 수

준으로 떨어진다. 그래서 미팅이 끝나고 나면 넘버2는 확실히 기억나지만 넘버3부터는 뭔가 특이한 게 없으면 기억도 잘 안 난다. 이렇듯 경험적으로 볼 때, 3명도 쉽지 않다는 얘기다.

선거와 경선으로 표현되는 현대 정치에서 적게는 수십 명, 많게는 수백 명 명단을 가지고 와서 자신의 조직이나 세력을 과시하려는 사람들이 많이 있지만, 대부분이 중복된 이름이거나 로열티가 없는 허수들이 많은 경우도 이런 이유 때문이 아닐까.

014

정치의 물리학

1) 작용과 반작용

뉴턴의 제3법칙, 작용과 반작용은 인간 사회에도 마찬가지로 적용된다. 내가 가하는 힘이 있으면 그에 따른 반작용은 반드시 존재한다. 그런데 많은 이들이 그 반작용을 모르거나 무시하려는 경향이 있다.

정치에는 네거티브 전략이라는 것이 있다. 상대방에 대한 부정적인 정보를 유포해 부정적인 이미지를 만드는 전략이다. 네거티브는 선거에서 필승 전략 중 하나이며, 대부분의 선거가 네거티브 선거(이른바, 이전투구식의 진흙탕 선거)로 끝이 난다. 정책선거란 보기 좋은 포장일 뿐이다. 그런데 네거티브 전략에도 작용과 반작용의 법칙이 작동한다. 네거티브란 손잡이가 없는 양끝의 칼 같아서 상대를 찌르면 자신도 찔리고 상대를 베면 자신도 베인다. 그래서 네거티브를 쓸 때는 확실한 승산이 있을 때 해야 한다. 어설프게 하면 자기만 다친다.

2) 만유인력의 법칙

권력에도 만유인력의 법칙이 존재한다. 권력의 중력이 클수록 인력引力이 커진다. 내 주위에 사람이 많다는 것은 내 권력이 커지고 있다는 증거이며, 사람이 없다는 것은 내 권력이 작아지고 있다고 봐도 무방하다. 권력자는 위로 올라가려고 하지만, 권력에는 중력이 작용하기 때문에, 멈추면 아래로 끌어내리는 중력이 더 크게 작용한다. 끌어올리는 힘이 중력보다 클 때 올라가지만 작아지면 추락하게 된다. 날개가 있는 것들이 추락하듯 추락하지 않은 권력은 없다.

3) 상대성이론

권력에도 상대성이론의 중력의 법칙이 존재한다. 중력의 크기에 따라 시간과 공간의 왜곡이 일어나기도 한다. 물리학처럼 시간과 공간의 변화가 생긴다는 것이 아니라, 권력의 중력이 커질수록 시간의 밀도는 높아지고(동일 시간 내에 업무량과 판단해야 할 것이 많아진다) 공간은 인물을 중심으로 집중한다. 대통령, 국회의원, 광역·기초단체장 등등 중력장으로 휘어진 공간을 만들어 낸다. 특히 대통령 중심제를 채택하고 있는 우리나라의 권력은 대통령을 중심으로 휘어지는 경향이 있지만, 그 중력이 약해지면(임기 말 레임덕이나 낮은 지지율 등) 그 반대가 될 수 있다.

4) 양자역학 – 슈뢰딩거의 고양이

양자量子 quantum란 에너지의 덩어리를 뜻하며, 양자론이란 에너지가 덩어리 또는 알갱이로 존재한다는 개념을 기본으로 하는 이론이다. 일반적으로 자연 현상은 연속적으로 변하는 것처럼 보이지만, 물질을 구성하고 있는 소립자 차원에서는 에너지가 불연속적인 값을 갖는다. 미시 세계에서 입자들은 파동처럼 움직이며 이때 입자의 에너지는 어떤 진동수의 정수배로 나타나는데, 이것을 에너지의 양자화라고 부른다.

국회의원 하나하나가 양자의 속성을 가지고 있다. 입자이기도 하고 파동이기도 하고 불연속이란 특성을 갖는다. 그래서 반복적으로 일어나는 동일한 투표 행위가 있어도 동일한 결과를 낳지 않는다. 본회의의 체포동의안 표결이 대표적으로 그렇다. 누가 부결될지 가결될지는 고양이도 모른다. 일반 국민들은 각각의 에너지가 크지 않아 쉽게 관측되지 않지만 언젠가는 일반 국민들의 투표에서도 이 원리가 적용될 거라 추측해 본다.

5) 작은 차이에서 큰 차이가 나온다

각도 1도 차이가 발생하는 거리는 반지름이 1인 원의 둘레 길이의 1/360이다. 즉, $2\pi/360 = \pi/180$ 라디안이라고 한다. 따라서, 각도 1도 차이가 발생하는 거리는 다음과 같다

10미터: $\pi/180 \times 10 \approx 0.1745$미터

100미터: $\pi/180 \times 100 \approx 1.745$미터

1킬로미터: $\pi/180 \times 1000 \approx 17.453$미터

100킬로미터: $\pi/180 \times 100000 \approx 1745.33$미터 (약 1.7킬로미터)

1만 킬로미터: $\pi/180 \times 10000000 \approx 174532.93$미터 (약 174.5킬로미터)

지구에서 달까지 거리: $\pi/180 \times 384400000 \approx 6741.56$킬로미터

지구에서 태양까지 거리: $\pi/180 \times 149600000000 \approx 2.6179$백만 킬로미터 (약 2천 6백만 킬로미터)

따라서, 거리가 증가할수록 각도 1도 차이로 발생하는 거리도 증가한다(※챗GPT 참고).

국회의원들도 처음에는 다 초선의원이다. 대부분 국회 경험이 없기 때문에, 처음에는 어디에 무엇이 있는지도 몰라 우

왕좌왕한다. 서로 처음에는 차이를 못 느낀다. 그런데 하루하루가 쌓이고 일 년, 이 년이 지나면 조금씩 차이가 생긴다. 1도의 차이가 점점 벌어지고, 4년 후 재선이냐 아니냐까지 벌어진다. 선거 때마다 국회의원 수 절반 이상이 교체되는 우리나라 현실을 감안할 때, 그 차이는 생각보다 큰 것이다.

선거가 끝나면 절반 정도의 정치인들이 공직선거법과 정치자금법에 발목을 잡혀서 오도 가도 못 하는 경우가 많다. 국회의원들은 나침판도 없이 망망대해에 떠 있는 일엽편주와도 같은 위치에서 어디로 가야 할지, 어떻게 가야 할지 모른다. 일상의 관리, 의정활동 평가에 대한 정량적 관리, 메시지나 활동에 대한 정성적 관리 등등 해야 할 일이 많다. 그리고 각각의 활동에 대한 가중치가 다르다. 이것들을 알고 관리할 수 있는 사람을 유능한 보좌관이자 참모라고 한다.

6) 뜨거운 물이 먼저 언다

우리는 살면서 종종 상식이나 직관과는 다른 상황을 보곤 한다. 사람이 사는 세상 자체가 이러한 불확실성이 매우 높은 사회다. '뜨거운 물이 먼저 언다'는 것도 이런 현상 중에 하나다. 1969년 아프리카 탄자니아 고등학생 음펨바가 발견했다고 해서 음펨바 효과라고도 한다. 아리스토텔레스의 기록에도 남아 있다고 하지만, 상식과 직관에 반하는 주장이기 때문에 잊

혀져 있다가 한 고등학생의 실험(냉동공간이 부족한 학교실험실에서 아이스크림을 만드는 과정 중 아이스크림 용액을 식히지 않고 냉장고에 넣음)에 의해 밝혀졌다. 현상은 찾아냈지만 물리학자들이 아직까지 그 원리는 밝히지 못했다고 한다.

아주 짧은 시간 아주 차가운 물체를 만졌을 때나 뜨거운 물체를 만졌을 때 라이덴프로스트 효과Leidenfrost effect로 인해 화상이나 동상을 입지 않는다. 두 물체 사이의 온도 차이로 인해 수증기와 같은 기체막이 형성되기 때문이란다. 상식과 직관에 반한다고 사실이 아니라거나 사실과 다르다는 결론에 쉽게 도달하지만 진실을 대할 때는 좀 더 신중해야 한다.

뜨거운 물이 먼저 언다는 것은 물리학적으로 설명하긴 어렵지만 역설적으로 인간 세상에는 흔하게 보는 현상이다. 뜨거운 사랑, 뜨거운 열정 등등 달아오른 것이 먼저 식는 법이다. 선동가들은 대중의 여론이란 물을 끓이지만 대중이 등을 돌리면 누구보다 먼저 식는다. 극우와 극좌의 선동가들은 라이덴프로스트 효과처럼 대중의 열기가 뜨거울수록 심리적인 막 속에서 보호를 받는다. 어중된 사람들이 그 가운데서 얼어 죽거나 타 죽는 거 아닐까…

015

우물 안의 개구리는 자기가
우물에 있다는 것을 모른다

'우물 안의 개구리'(정저지와 井底之蛙)는 『장자』에 나오는 말이다.
장자의 말처럼, 인간은 대체로 세 가지 한계에 갇혀 산다. 첫 번
째가 공간의 한계다. 우물 안의 개구리처럼 우물 안에서 보는
하늘이 전체 하늘이라고 생각한다. 두 번째는 시간의 한계다.
여름 한 철 벌레는 여름을 세상의 전부로 안다. 세 번째가 지식
의 한계다. 자기가 아는 지식을 전부로 아는 편협한 지식인들
이다.

  정치인들도 마찬가지다. 대부분 지역구라는 공간에 갇혀
세상을 본다. 영남 쪽의 정치인들은 국민의힘 쪽으로 기울고,
호남 쪽 정치인들은 민주당 쪽으로 기울어져 있다. 거기서 만

나는 사람들이 대부분 그러한 경향을 띠기 때문에 그렇게 되는 것이 자연스럽다.

하루아침에 해결되는 일은 거의 없다. 중요한 사안들은 대통령이나 국회의원의 임기를 넘어가는 것들이 대부분이다. 강제징용과 같은 일들은 역사적인 요인에 의해 단시간에 해결할 문제가 아님에도 임기 안에 무언가를 하려고 한다면 시간에 쫓겨 일을 망칠 수도 있다.

공간을 어떻게 이해하느냐에 따라 국제질서도 달리 보이고 해법도 달라질 수 있다. 1944년 브레튼우즈 체제로 미국 중심의 세계 질서가 확립된 지 80년 정도 지났다. 현재의 자본주의 체제는 미국을 중심으로 돌고 있다. 한때 구소련이 경쟁했지만 80년대 말 사회주의체제의 붕괴 이후, 미국은 세계 정치와 경제의 중심에 있어 왔다. 중국이 미국 단일체제를 위협하는 존재로 급부상하고 있지만 아직은 미국의 아성을 무너뜨릴 만큼은 아니다. 미국, 중국, 러시아, 일본과 같은 강대국 사이에서 역사상 처음으로 70년 넘는 평화와 번영의 시간을 보낸 우리나라로서는 냉전체제의 진영논리로 돌아가는 것이 맞는지, 동북아의 공동번영의 길로 가는 것이 맞는지를 선택해야 한다면, 선택지는 생각보다 단순하다. 미국의 하늘만 보이는 눈으로 세계 질서를 말하는 것은 부끄러운 일이다.

우리 인간들의 경우, 가장 큰 한계는 경험과 지식에서 온다. 걸리버 여행기에 나오는 것처럼 계란을 둥근 쪽과 뾰족한 쪽 중 어디부터 까야 하는지를 가지고 여야가 나뉘는 게 정치 현실이기 때문이다. 그러다 보니 국회의원들은 전직이 크게 영향을 미친다. 언론인 출신, 법조인 출신, 학자(전문가) 출신, 공무원 출신, 당직자 출신, 보좌관 출신 등등 다양한 배경을 가지고 있지만 전직에서 배운 지식과 경험을 뛰어넘기가 쉽지 않다. 그들에게 필요한 것은 경험과 지식을 넓히는 것보다 자신이 우물 안에 있다는 것을 깨달아야 하는 것이다.

016

사위 오면 씨암탉이 아니라
서열 2위 수탉부터 잡는다

모든 동물들이 그렇듯이 수탉들도 치열하게 서열싸움을 한다. 보통 수탉 한 마리에 암탉 9마리 정도가 적합하다고 한다. 수탉이 너무 많으면 암탉들이 스트레스를 많이 받아 알을 잘 낳지 못한다고 한다. 2등 수탉의 비극은 거기서 시작한다.

1등 닭을 찾는 일은 생각보다 쉽다. 닭의 서열은 횃대를 설치하면 바로 알 수 있다. 대부분 동물들이 그렇듯이 가장 높이 올라간 놈이 대장이다. 예전에 직접 키운 토종닭을 잡는다고 해서 먹으러 갔다가 재미있는 이야기를 들었다. 옛말에 사위 오면 씨암탉을 잡는다고 하는데, 실제로 씨암탉은 웬만해서는 안 잡는다고 한다. 실제 현실에서는 손님들 올 때 제일 먼저 잡는 것이 서열경쟁에서 탈락한 2등 수탉이라고 한다. 덩치는 큰데, 수탉 구실 못하는 닭이기 때문에 정리해 주어야 암탉들이 스트레스를 덜 받고 알을 잘 낳는다고 한다.

인간 세상도 서열싸움을 한다. 힘으로 하기도 하고, 머리로 하기도 하며, 투표로 하기도 한다. 그나마 투표라는 방식이 가장 민주적이라고 인정받는 방식이지만, 졌을 경우 서열경쟁에서 탈락한 2등 수탉의 비극은 피해 가기 어렵다. 성장하는 젊은 수탉에게는 다음 도전의 기회가 있겠지만 한때 대장으로 군림했던 나이 든 수탉의 경우 다시 1등으로 올라갈 가능성이 거의 없기 때문이다. 1등으로 다시 올라가기는 어렵더라도 다행히 인간 세상에는 과거 1등 수탉에게 다른 기회를 주는 경우가 많다. 본인의 부고 기사가 뜨지 않는 한은…

.

017

공정과 안전은
리더들이 가슴에 새겨야 할 으뜸 가치다

불환과이환불균 불환빈이환불안不患寡而患不均 不患貧而患不安은 정
치지도자들은 "백성들이 무엇이 부족한가를 살피기보다는 균
등하지 않은 배분을 걱정해야 하고, 백성의 가난보다는 나라
의 안전을 걱정해야 한다"는 뜻이다.

2천 년 전, 인류는 항상 부족했다. 가뭄과 홍수가 빈번하
고, 외적의 침입 또한 빈번했다. 물이 부족하고 먹을 것이 항상
모자랐고, 공자 본인도 천하를 주유하다 굶어 죽을 뻔한 적도
있다. 가뭄으로 물이 부족할 때, 그 물이 부족한 것을 염려하기
보다 그 물이 고르게 나누어졌는지를 리더들은 살펴야 한다.
즉, 물질의 부족함보다는 그 부족함이라도 공정하게 쓰이고

있는지를 먼저 보라는 뜻이다. 절대 빈곤의 시대, 다 같이 없는 건 참을 수 있지만 나만 없는 것은 참을 수 없다. 특히 농경문화 전통의 봉건사회를 경험한 중국과 한국에서는 이러한 평균주의적 정서가 강하다. 2천 년 전에 공자가 불공정의 문제를 중요하게 본 것도 이러한 문화적 특성에 기반을 두고 있다. 또한 가난도 힘들지만 외부 민족의 침입으로 애써 키운 농작물과 가축을 빼앗기는 일이 더 힘든 일이었을 것이다. 그때의 지도자들을 위해 한 말이지만 시대가 바뀐 지금에도 공정과 안전을 강조하는 이 말들의 가치는 여전히 빛난다.

두 번째는 가난보다도 안보에 더 신경 쓰라는 뜻이다. 부족하고 가난한 것에 덜 신경 쓰란 뜻은 아니다. 민생 문제는 여전히 중요한 문제이지만, 불공정의 문제와 국가안전의 문제는 지금도 최상위 어젠다다. 공자가 활동하던 전국시대는 전쟁이 끊이질 않았다. 가난보다도 타국과의 전쟁, 외부 침입의 공포가 컸던 때다. 진시황이 중국을 통일하고 만리장성을 쌓았던 이유가 외부 민족인 흉노에 대한 두려움이 컸기 때문이다. 중국 한나라 때 한무제가 장건을 보내 실크로드를 개척했다고 기록하고 있지만, 사실은 실크로드 개척이 아니라 당시 중국보다 우수했던 흉노족의 말(한혈마)과 칼에 대한 기술을 얻으려고 보냈다고 알려진다. 중국의 실크가 실크로드를 통해 로마로 가면서 로마의 인플레이션을 촉발하고 서로마의 붕괴를 촉발했다는 평가도 있지만, 원래 그 시작은 실크교역이 아니라 국경지대 안전 문제에 대한 고민에서 시작한 것이라고 보는 것이 타당하다.

한국은 지정학적으로 미, 중, 러, 일 강대국 사이에 있기 때문에 크고 작은 충돌을 피할 수 없었다. 한반도가 통일이 되기 전까지는 여전히 화약고임을 잊어서는 안 된다. 통일이 되어도 여전히 강대국 사이에 끼인 존재라는 사실은 변하지 않을 것이다. 끊임없는 전쟁 속에서 폐허가 되어 버린 아프가니스탄이 실크로드가 있었을 때 동서양의 허브로서 번창했었던 나라라는 것을 잊어서는 안 된다.

018

안전하다고 믿을 때,
불안전이 시작된다

영화 《스파이더맨 홈커밍》편에서 스파이더맨이 두 조각난 유람선을 거미줄로 촘촘히 연결시키자, AI가 "98% 성공했다"는 말을 해 준다. 그 말을 들은 스파이더맨이 뭔가 문제가 있냐는 듯 갸우뚱할 때, 거미줄이 끊어지고 배가 다시 갈라지기 시작한다. 98%의 성공이 2%의 실패를 막아 주지 못한다는 것이다.

시험 점수일 경우, 98점이란 매우 높은 점수다. 인사평가나 사람에 대한 평가도 98점이면 사실상 만점에 가깝다는 의미이다. 그러나 안전 문제에서 98%는 성공이 아니라 실패할 확률이 크다는 뜻이다. 대부분의 사고는 1%도 안 되는 확률에서 나온다. 세월호 사건, 이태원 참사, 오송 지하차도 참사 등등 이러한 사고가 발생할 확률은 1%도 안 된다. 중요한 것은 0.001%라도 확률이 있는 한 언젠가는 발생한다는 것이다.

거안사위居安思危란 말이 있다. 편안할 때도 위태로울 때의 일을 생각하라는 뜻이다. 사실 안전하다는 것은 내가 그렇게 믿기 때문이다. 토끼들도 부지런하게 주위를 살피고 안전하다고 판단되면 움직이지만, 자기 자신을 노리는 맹수는 자기가 보지 못하는 곳에 있기 때문에 사냥을 당하는 것이다.

백설공주 앞에 맛있는 사과가 있다 한들 독이 있다는 것을 알면 먹지 않을 것이다. 독이 없다고 안심을 시켜 주면 누구나 그 사과를 먹지 않을까. 독이 없다고 믿는 것은 그 사람에 대한 신뢰를 하는 것이지 독이 있는지 없는지는 또 다른 문제다. 몇 년에 한 번씩 정치권에서 발생하는 돈봉투 사건도 마찬가지다. 인간 세상에서 돈을 주고받는 사이라는 것은 서로 믿을 수 있는 관계, 또는 탈이 없는 돈이라는 확신이 있기 때문이다. 그럼에도 문제가 발생한다는 것은 내가 안전하다고 믿는 것에 함정이 있기 때문이다. 안전하다고 믿을수록 불안전성(또는 리스크)은 커진다.

공직자의 마음가짐은 여리박빙如履薄氷, 즉 엷은 얼음 위를 걷는 것과 같아야 한다는 말이 있다. 항상 조심하고 경계해야 한다. 98%의 안전을 믿고 2%의 리스크를 관리하지 못한다면 대형참사가 되풀이되는 과오를 막지 못할 것이다.

019

부부싸움의 법칙

부부가 한 집에 살다 보면 여러 가지 일을 겪게 된다. 좋은 일이 있을 때는 아무 문제 없지만 안 좋은 일이 생기면 서로의 탓을 하기 십상이다. 책임소재나 인과관계가 명확한 일들보다 그렇지 않은 상황이 훨씬 더 많은 게 현실이다. 그런데 문제는 자기가 안 했다고 생각하면 발생한다. 둘이 사는 공간에서는 내가 안 했으면 '너'라고 범인(?)이 특정된다. '너'라고 지목된 사람 입장에서는 자신도 모르게 발생한 일이 있다면 반대로 '나'를 지목하거나 제3자를 의심한다. 최종 판단은 사실관계와 상관없이 평소 언행에 대한 선입견이 좌우하는 경우가 대부분이다.

남과 북으로 분단된 한반도의 경우, 많은 사안이 이러한 논리로 귀결한다. 우리(남한)가 아니면 북한의 소행이라는… 훗날 어떤 결론이 나올지 모르지만, 진실보다 상대에 대한 선입견을 가진 채 '부부싸움의 법칙'이라는 틀에서 결론 없는 싸움만 쳇바퀴 돌 듯 돌아간다.

분단국가이자 사실상의 양당제 국가인 우리나라에서 무슨 일만 터지면 '남 탓'하는 책임공방부터 시작한다. 사람이 하는 일이기 때문에 항상 옳을 수도 항상 틀릴 수도 없다. 그런데 양당제 정치란 All or Nothing 게임이기 때문에 자동차보험처럼 확률적으로 몇 대 몇으로 책임을 묻기도 어렵다. 그래서 항상 남 탓만 하게 된다. 국민들은 다 안다. 누구의 잘못인지, 누구의 잘못이 더 큰지… 국민을 믿고 정치를 해야 하는데, 국민에게 이해와 설득을 강요하려고 한다. 먼저 어느 한쪽이라도 자기 잘못을 인정하고 반성하는 정치는 어떨까. 이렇게 해야 한국 정치가 순환론적인 부부싸움에서 벗어날 수 있을 것이다.

020

경계 비용

1990년대 중반 중국을 여행할 때, 논에 경계를 설정하는 논두렁이 없고 노끈 같은 끈으로 경계를 만든 것을 보면서 매우 특이하다고 생각했다. 이유인 즉, 마오쩌둥毛澤東이 인민공사 운동을 통해 토지를 국공유화할 때 토지의 경작 효율을 높이겠다는 생각으로 논두렁을 없앴다고 한다. 덩샤오핑鄧小平이 개혁개방정책을 하면서 사실상의 사유제를 인정하자 노끈과 같은 줄로 경계를 만들거나 블록으로 담을 친 것이다. 인민공사 때, 논두렁이 없어지면서 자기 소유에 대한 권리가 보장되지 않았기 때문에 '공유지의 비극'과 같은 현상이 발생함으로써 농업 생산성이 급감하고 많은 사람이 굶어 죽었다. 다시 논두렁을 만든 이후, 자기 소유에 대한 인정과 '내 것'이라는 경계가 명확해지면서 생산성이 좋아졌다는 것이다.

저항, 마찰, 스트레스 같은 부정적인 단어들이 실제로는 에너지를 훨씬 더 효율적으로 사용할 수 있다고 한다. 경계라는 것도 처음에는 비용이라고 생각했지만, 그것이 자원을 더 효율적으로 사용할 수 있다는 것이다.

사람에 대한 관리도 업무의 경계를 명확히 하고 책임소재를 분명하게 하는 것이 훨씬 조직적으로 효율성이 높은 조직이다. 물론 가외성redundancy*을 고려해야 하지만…

---

* **가외성** : 중첩重疊이나 중복이라는 뜻이 내포된 개념. 일반적으로 '가외성'이라 하면 일정한 표준이나 한도 밖의 남는 것, 초과분, 별로 필요성이 없는 것 등을 의미한다. 어떤 체계 내에서 구성요소나 부품의 일부가 필요 이상으로 중복되어 있으면 이를 낭비나 비능률인 것으로 생각할 수 있다. 따라서 행정학에서는 지금까지 가외성이 쓸모없고 불필요한 것으로 이해되어 행정개혁의 대상이 되어 왔다. 그러나 최근에 이르러서는 경우에 따라 가외성이 조직운영에 있어서 신뢰성과 안정성을 높여 주는 순기능順機能도 하기 때문에 오히려 가외성을 필요로 한다는 주장이 제기되고 있다.
[네이버 지식백과] 가외성-행정학 사전 외 참고

021

경험이 꼰대를
만든다

잘못된 지식이 편견을 만들고, 편향된 경험이 꼰대를 만든다. 지식의 부정확성을 굳이 언급하지 않아도 당대의 천재 물리학자인 아인슈타인조차 양자역학을 학문으로 인정하지 않았다는 사실을 가지고 그를 비난하지 않는다.

세상에는 아직도 모르는 게 훨씬 더 많고, 우리는 대부분을 확률적으로 추측할 뿐이다. 지식이 없는 사람보다 약간의 지식이 있는 사람들이 그러한 편견에 쉽게 빠지게 된다. 잘못된 지식이라기보다는 부정확한 지식에 대한 믿음이 편견을 만든다는 말이 정확할 것이다.

이러한 편견은 같은 편향을 갖는 사람들의 무리를 만든다. 낙태에 반대하고 동성애에 반대하는 사람들과 찬성하는 사람들 사이에 차이는 주관적인 인식과 경험의 차이이지 참과 거짓, 과학과 비과학의 영역은 아니다. 자기가 살아오면서 선택했던 많은 길 중에서 옳았거나 좋았다고 여겼던 생각이나, 창세기에서 선악과를 먹은 아담과 이브처럼, 사회적으로 또는 종교적으로 금지된 행동을 행하면서 오는 일탈적 경험까지, 다양한 세계관과 경험이 존재하기 때문이다.

다양성을 받아들이지 못하고 자기의 경험과 주장만 옳다고 하는 사람들을 한국에서는 꼰대라고 부른다. 한국은 80여 년 전 식민지를 경험했고, 70여 년 전 전쟁을 겪었고, 40여 년 전까지 군부독재를 경험했다. 한편 빠른 속도로 산업화와 민주화를 이룩하면서 세대 간 경험의 차이가 크게 존재한다. 남북한 분단으로 인해 남북 간 갈등이 고착화되었고, 산업화 과정에서 특정 지역의 소외로 지역갈등이 심화되었고, 지금은 세대 간 갈등이 심각한 문제로 대두되고 있다. MZ세대는 기성세대와 언어도 달라지고, 행동도 다르고, 문화도 다르다. 다시 말하지만 그들은 철없는 세대가 아니라 우리의 미래라는 것을 잊어서는 안 된다.

022

<u>경로의존성</u>

한번 경로가 정해지면 나중에 그 경로가 비효율적이라는 사실을 알면서도 관성과 경로의 기득권 때문에 경로를 바꾸기 어렵거나 아예 불가능해지는 현상을 '경로의존path dependency 법칙'이라고 한다.

　다양한 분야에서 경로의존성을 인용하고 있지만, 여기서는 신제도주의적 관점에서 말하고자 한다. 제도적 관점에서 볼 때, 법률이나 제도, 관습이나 문화, 과학적 지식이나 기술에 이르기까지 인간 사회는 한번 형성되어 버리면 환경이나 여러 조건이 더 좋게 변경되었음에도 종래부터의 내용이나 형태가 그대로 존속할 가능성이 있다. 이와 같이 과거 하나의 선택이 관성 때문에 쉽게 달라지지 않는 현상을 '경로의존성'이라고 한다. 경로의존성은 정책형성, 정책결정, 정책집행, 그리고 피드백feed back까지 전 과정에 영향을 미친다.

갈릴레이는 인공적으로 진공상태를 만들 수 없는 시대에서 살았음에도, 진공상태에서는 낙하하는 물체의 가속도가 같을 것이라고 추론했다. 물이나 경사면을 이용하여 저항의 크기를 달리하면서 저항이 작을수록 가속도의 차이가 줄어드는 것을 보고 진공상태에서 낙하하는 물체의 가속도가 같을 것이라고 추론한 것이다. 물리학은 진공상태나 절대온도와 같은 현실에서는 존재하지 않는 개념을 실험 조건으로 두고 원리를 설명하고 법칙을 만들어 갔다. 그러나 다양한 값의 마찰과 저항이 존재하는 현실에서는 그러한 상태는 존재하지 않는다. 그것을 사회과학적으로 적용한 개념이 경로의존성이다.

현실 사회는 물리학 실험실에서 볼 수 있는 진공상태가 아니다. 그래서 x값을 투입하면 y값이 나와야 하는데, 역사적 문화적 배경에 따라 다른 값이 나온다. 2023년 발생한 튀르키예 대지진 때, 우리 국민들은 스팸을 기부하였지만, 돼지고기를 먹지 않는 이슬람 국가에서 스팸을 받지 않는 해프닝이 발생한 적이 있다. 그만큼 종교적 이유, 문화적 이유, 역사적 이유 등등 같은 제도라고 하더라도 그것이 그 나라의 역사와 문화에 따라 다르게 나타난다.

레닌의 사회주의 혁명 이후 동유럽의 여러 나라와 중국, 북한 등의 아시아 국가가 사회주의의 길을 걸었지만, 외형상 비슷해 보이지만 나라마다 큰 차이가 있다. 그리스 정교의 문화가 강한 러시아, 동유럽과 유교 문화가 강한 중국과 북한은 외형적으로 많이 달랐고, 토지개혁도 봉건국가 수준에 있던 중국은 도시는 국가 소유로 농촌은 집체 소유로의 토지개혁을 했다. 인민민주주의혁명 시기에 정적을 숙청할 때도 중국은 처형을 하지 않은 것으로 유명하다. 그래서 마오쩌둥이나 덩샤오핑이 몇 번이나 권력에서 밀려나면서도 다시 살아와서 권력을 잡을 수 있었던 것이다. 같은 법과 제도라도 나라마다 경로의존성에 따라 상이하게 나타난다.

경로의존성을 무시하는 개혁은 성공하기 어렵다. 과거 좋은 제도나 익숙한 제도일수록 개혁의 저항이 크다. 인종차별의 문제, 성차별의 문제, 신분제의 문제 등등 다양한 문제들이 존재한다. 우리나라의 경우, 제헌 헌법이 가장 진보적이었다는 평가를 한다. 실제 서구 선진국보다도 여성참정권이나 토지개혁 등의 개혁 조치가 앞선 경우도 있었다. 독립운동 과정에서 사회주의 운동의 영향을 받았기 때문이라는 합리적인 추론도 가능하지만, 적어도 그러한 개혁 입법에 있어서 사회적 저항이 크지 않았다는 것이 현실적인 요인이었을 것이다.

부동산에 대한 배타적인 사적 소유가 일반화되고 부동산이 주요 자산이 되어 버린 지금, 그때와 같은 수준의 토지개혁(북한의 무상몰수 무상배급 방식)이나 농지개혁(저가의 토지 보상을 통한 개혁)을 한다면 엄청난 저항에 부딪히게 될 것이다. 피케티가 지적하고 있는 자산불평등의 문제는 해결해야 하지만, 경로의존성을 고려할 때 과거와 같은 몰수 등의 방식으로는 안 된다는 것이다. 정책결정자들이 제도를 만들어서 예상했던 목표를 달성하려면 다양한 저항 요인과 관련 있는 단체들을 포함시킨 거버넌스를 만들어야 한다.

023

정치인들은 스스로
멈추지 않는다

정치라는 것은 두발자전거와 같아서 멈추면 넘어진다. 그래서 대부분의 정치인들은 멈출 때까지 달린다.

멈출 때란 실패를 하거나 실수를 하거나 누군가에 의한 끌어내림이나 막힘이 있을 때다. 결국 언젠가는 멈추지만 그조차도 쉽게 인정하지 않는다. 그 멈춤이 대부분 마지막이 되는 경우가 많지만, 정치인들은 물리적인 죽음이 오기까지는 멈추지 않는다.

쉴 새 없이 페달을 밟으며 살아가면서 정치인들 자신에게 남은 것은 무엇일까. 유명, 오명, 악명… 어떤 이름이라도 기억되면 나름은 쓸 만한 정치인이다. 멈췄을 때, 의지할 가족과 술 한

잔할 친구라도 있다면 절반은 성공한 거라 본다. 함께했던, 또는 함께할 동지나 참모들이 남아 있다면 불명예로 낙인찍히지 않은 한 다시 일어설 수 있다.

최악의 경우는 제환공의 최후다. 제환공은 관포지교로 유명한 관중이라는 신하를 얻어 천하를 호령했던 영웅이었지만, 마지막에는 신하들과 가족들에게 버림받아 시신조차 수습하지 못하는 비참한 최후를 맞이했다. 과정이 아무리 힘들고 어려웠다고 하더라도 마지막이 아름다우면 모든 것이 아름다운 이야기로 남지만, 마지막이 비참하면 과정이 아무리 화려했어도 비극으로 기억된다.

현실을 직시하는 용기가 있어야 스스로 내려온다. 길은 많다. 지금 하고 있는 일에 집착하면 다른 길이 보이지 않는다. 모든 것을 내려놓아야 그다음 길이 보인다. 사는 길을 놔두고 굳이 죽는 길로 가려는 바보가 되지 않기 바란다.

024

진 꽃은 또 피지만 꺾인 꽃은
다시 피지 못한다

여의도에서는 "이 사람은 정치적으로 끝났어"라는 말을 참 많이 한다. 정치란 김대중 전 대통령의 사례에서 보듯 은퇴가 없는 직업이다. 꺼진 불도 다시 봐야 하는 곳이 정치다. 정치란 부모를 잘 만나 부자 된 사람들이나 회사에서 좋은 평판을 쌓은 사람들의 미래처럼 예측 가능성이 높은 곳과는 달리 개천에서 용이 될 확률이 가장 큰 직업이기도 하다.

반대로 잘나가던 정치인이 하루아침에 추락하여 정치생명이 끝나는 경우도 비일비재하다. 사업가나 그들의 자식들은 상당수가 징역형과 같은 중형을 받고도 여전히 부자 행세를 하고 다닐 수 있지만, 정치인들은 그 정도의 형사처벌을 받으면 재기하기 어렵다. 사실상 정치적 사형선고라 할 수 있다.

하지만 형사처벌을 받는다고 정치가 끝나는 것도 아니다. 명분을 잃으면 재기할 수 없지만 명분이 있으면 형사처벌을 받고도 재기할 수 있다. 정치인은 자신의 부고 말고는 어떤 기사도 없는 것보다 낫다는 말이 있다. 자신만 죽지 않는다면 언제든지 다시 재기할 수 있는 것이 정치이기도 하다.

문제는 진 꽃인지 꺾인 꽃인지 자기 스스로는 판단하기 어렵다. 적어도 움직이는 한 꺾인 꽃은 아니다. 사람을 만나고 글을 쓰고 행사에 참여하는 등 확실한 지지자들이 있고 대중들과 소통을 하고 있다면…

025

일신우일신

지금으로부터 약 4천 년 전(기원전 1,600년) 은나라를 세운 탕왕의 이야기다. 중국에는 삼황오제라는 전설적인 시대가 있었는데, 그때는 왕위를 세습하지 않고 성인이나 현자들에게 양위하던 시절이었다. 그런데 요순시대의 순임금이 우임금에게 양위한 것을 마지막으로 우임금은 자식들에게 권력을 세습하기 시작했다. 그 세습권력의 마지막인 폭군 걸왕을 무너뜨리고 중국 역사 최초의 역성혁명을 했던 분이 탕왕이다.

　4천 년 전이나 지금이나 최고 권력자란 쉬운 자리가 아니다. 항상 스스로를 경계하고 신중해야 하는 자리다. 탕왕은 유리 거울이 없던 시기에 세숫대야에 일신우일신日新 又日新을 새겨 놓고 매일매일 씻을 때마다 봤다고 한다. '자리가 사람을 만든다'는 얘기는 권력의 비정함과 역사를 모르고 하는 말이거나 자기보다 못난 인물이 윗사람이 됐다고 생각했을 때 하는 푸념에 불과하다.

최고 권력자로서 왕이란 상징적인 자리이기도 하지만 중요한 결정을 하는 자리였다. 예를 들어 홍수가 났을 때, 제방을 무너뜨려 홍수 압박을 줄여 줘야 하는 상황에서 누구나 자기 땅이 범람하는 것을 피하고 싶기 때문에, 각자 자기 토지의 중요성을 설명한다. 현명한 왕은 백성들의 피해가 제일 적은 쪽으로 선택할 것이고, 탐욕스러운 왕은 자신의 피해가 적은 쪽을 선택할 것이다. 백성들의 피해를 우선 고려한다 해도 한 해의 농사를 망칠지도 모르는 곡창지대까지 훼손시켜 가면서 제방을 열지는 않을 것이다.

4천 년 가까운 시간이 흐른 지금, "철저히 보상하겠습니다", "최선을 다해 주세요", "모든 지원을 아끼지 않겠습니다" 이렇게 하나 마나 한 얘기를 늘어놓는 것은 대통령 놀이이지 대통령으로서 리더십을 보여 주는 게 아니다. 리더란 본인 스스로 '일신우일신' 하지 않으면, 나라도 망치고 자신도 망친다.

II. 성공하는 리더십이란

국민들이 한 단어만 기억해도
성공한 정치인이다

사람들의 생각과 달리 정치인들은 매우 부지런하고 열심히 일한다. 국가지도자로 인정받거나 지역 유권자들에게 다시 선택받기 위한 처절한 몸부림이라고나 할까. 그런데 정작 국민들은 이들의 이름조차 기억 못 하는 경우가 대부분이라는 것을 안다면 정치인들은 매우 서운하게 생각할지도 모른다. 국민들을 위해 불철주야 일했는데, 그걸 몰라주는 국민들이 야속할 수도 있지만, 그와 반대로 국민들이나 지역 주민들이 그 정치인을 알아줘야 할 이유도 없다. 낙선하거나 현역에서 물러나 4~5년 지나면 이름도 잘 기억나지 않고, 10년이 지나면 누군지도 모르는 게 현실이다.

국민들은 같은 시대를 보낸 대통령의 이름은 기억하지만 국회의장, 대법원장과 같은 삼부요인의 이름은 기억하지 못한다. 국무총리나 국회의원, 광역자치단체장도 예외가 아니다. 특히 수도권에서 광역자치단체장은 그 지역 사람만 기억하는 수준이다. 서울의 경우 기초자치단체장이 누구인지도 모르는 경우가 태반이다.

큰 정치를 하려는 사람에게는 국민들이 한 가지라도 기억해 줄 History가 있어야 한다. 정치인으로서 무엇을 한 사람인지가 가장 중요하다. 한 가지라도 제대로 된 스토리를 쌓아 가야 한다.

정치인들은 오늘도 바삐 움직인다. 뉴스에 나올 멋진 행사와 메시지를 만들지만 대부분의 국민은 아무도 기억해 주지 않는다. 지금 우리에게 한 단어가 기억되는 정치인이 누가 있을까. 국민들에게 한 단어라도 기억이 된다면 그는 부정적이든 긍정적이든 적어도 하나는 성공한 정치인이다.

027

아무것도 결정하지 않는 리더가
가장 무능한 리더다

마키아벨리는 양이 이끄는 사자의 무리와 사자가 이끄는 양의
무리가 싸우면 사자가 이끄는 양의 무리가 이긴다고 봤다. 과
거 역사를 보면 무능한 지도자가 이끈 군대가 패배하고 나라
를 망하게 만든 사례가 많다. 『삼국지』에서 조조와 원소의 관
도대전을 보면 소규모 병력의 조조가 대규모 연합세력인 원소
를 이긴 예가 그것이다.

관도대전의 원소처럼 참모들의 말을 믿지 않는 리더는 실
패하기 쉽다. 참모들은 리더와 운명공동체이기 때문에 자기 목
숨을 걸고 전략을 연구한다. 그런 참모들을 불신하면 실패할
수밖에 없다. 그런데 그보다도 더 무능한 리더가 있다. 바로 아

무것도 결정해 주지 않는 것이다. 여러 참모조직이 경쟁 또는 경합하는 것이 일반적인데, 이때 리더가 아무것도 결정하지 않으면 두 조직이 싸우고 반목하게 된다. 그러면 아무 일도 못 하고 앉아서 망하게 된다.

노자의 '무위'의 도道를 따랐다고 변명하는 사람도 있다. 그러나 노자의 무위는 리더 개인이 직접 나서서 결정하는 것이 아니라, 시스템으로 결정하는 것을 말한다.

그다음 무능한 리더는 항우처럼 자기가 모든 것을 나서서 다 지시하는 만기친람형 스타일이다. 스스로 똑똑하다고 생각하는 리더들이 이러한 우를 많이 범한다. 리더들은 유방이 천하를 통일하고 난 후에, 개인적인 역량은 항우에 훨씬 미치지 못했지만, 장량, 한신, 소하와 같이 각각 분야에서 자기보다 뛰어난 인재들을 자기 밑에 두었기 때문에 이길 수 있었다고 한 말을 곱씹어 봐야 한다.[*]

---

[*] **유방의 삼불여**三不如 : 천 리 밖에서 승부를 결정짓는 것은 내가 장량만 못하고, 나라를 안정시키고 백성을 보살피는 것은 내가 소하만 못하고, 백만 군대를 이끌고 싸워서 반드시 승리하는 것은 내가 한신만 못하다決勝於千里之外 吾不如子房 鎭國家撫百姓 吾不如蕭何 連百萬之軍戰必勝 吾不如韓信.

028

똑똑한 리더가
더 위험하다

대지약우 대우약지大智若愚 大愚若智란 말이 있다. 똑똑바보라는 말과 마찬가지다. 똑똑한 것처럼 보이지만 진짜 바보인 경우가 많다. 반면에 어리숙해 보이지만 진짜 똑똑하게 실속 챙기는 사람도 있다. '열 가지 재주 가지고 있는 놈이 끼니 간데 없다'는 속담처럼 우직하게 한 우물만 판 한 가지 재주 있는 사람이 더 실속 있는 경우가 많다.

현실 정치에는 진짜 바보는 많은데, 진짜 똑똑한 사람은 점점 더 안 보인다. 바보의 신화는 노무현에서 끝나고 진짜 바보들이 서로 바보라고 싸우거나 서로 손가락질하며 '니가 더 바보'라고 싸우고 있다.

역사를 보면, 항우나 연산군처럼 지나치게 똑똑하거나 자기 확신이 강한 리더들은 참모들 말을 듣지 않고 독재자나 나쁜 왕(암군이나 혼군)이 되기도 하지만, 심성이 착하거나 여린 사람도 혼군이나 암군이 되기 쉽다. 아첨만 할 줄 알고 쓴소리를 할 줄 모르는 무능한 참모들뿐이거나, 자기에게 주어진 생사여탈권을 무서워서 쓰지 않고 자신의 참모에게 주었을 때다. 당태종에 이어 황위에 오른 당고종이 그런 인물이었다. 당고종의 무능함이 측천무후(무즉천)라는 괴물을 만들었다. 권력의 총량은 동일한데, 공식서열 1위가 사용하지 못하면 순서대로 내려가거나 1위에게 위임받은 순서대로 권력은 이동한다.

앞서 말했듯이, 항우는 뛰어난 능력에도 불구하고 천하의 주인이 될 수 없었다. 지나치게 강한 자존심과 자부심, 죽은 부하들에 대한 죄책감과 패배의식으로 말미암아 스스로 죽는 길을 선택했다. 항우는 참모가 아닌 리더 자신이 문제였던 것이다. 당나라 때 시인 두목杜牧은 항우가 권토중래捲土重來 하지 않는 것을 아쉬워했다. 항우가 오강을 건너서 다시 재정비하고 유방과 싸웠더라면 『초한지』의 주인공은 항우가 됐을 수도 있었다는 것이다.

"머리는 빌리면 된다"는 김영삼 전 대통령의 말처럼, 아무리 뛰어난 리더라도 리더의 머리는 하나뿐이다. 한 개의 머리에서 나오는 생각보다 많은 참모들과 행정관료들의 머리에서 나오는 집약된 아이디어가 훨씬 뛰어날 수밖에 없다. 리더들은 내가 똑똑해지려고 노력하기보다 자기보다 똑똑한 사람을 곁에 두려는 노력이 더 필요하다. 같은 배를 타서 생사를 함께할 운명이 된다면, 그 배를 위기에서 구하거나 원하는 목적지까지 끌고 갈 수 있는 사람들을 많이 두어야 한다.

선택과 집중

기호지세騎虎之勢라는 말이 있다. 호랑이 등에 올라탄 사람은 호랑이 등에서 내려오면 잡아먹히기 때문에 내려올 수가 없다. 정치든 사업이든 한번 시작하면 마음대로 내려오기 어려운 것이 현실이다. 문제는 호랑이 등 위에 있을 때 어떻게 할 것인가이다. 조급증에 걸린 리더는 달리는 말에 채찍질하듯, 잘하고 있는데도 더 빨리 더 많은 성과를 내라고 부하직원들을 채근한다.

옛날 전쟁에서 장수들은 말 관리에 특별한 신경을 썼다. 말은 사람처럼 지구력이 강하지 않기 때문에 힘을 몰아 쓸 때를 대비하여 체력을 비축해야 했기 때문이다. 사람은 육체적으로는 지구력이 강한 동물이지만, 정신적으로는 단 1분도 집중하기 어려운 존재다. 그래서 정신적 노동을 하는 사람에게는 충분한 수면과 휴식이 있어야 생산성이 높아진다는 것은 잘 알려진 상식인데, 리더들이 보기에는 그러한 휴식(일종의 재충전의 시간)을 논다고 생각하고 일을 더 시키려고 하는 것이다. 사람을 제대로 쓸 줄 모르는 그러한 리더는 권력투쟁에서 살아남기 어렵다.

"공격하라"는 장수의 한마디에, 수십 명이 노를 젓고, 또 다른 수십 명이 함포를 장전하고, 궁수들이 화살을 쏠 준비를 한다. 리더의 단 한마디에 손발과 같은 부하들은 최대한의 역량을 발휘하기 위해 최선을 다한다. 그런데 리더가 바빠지면 부하들은 불안해한다. 무슨 일부터 해야 하는지, 그 일을 어느 수준의 완성도를 가지고 해야 하는지, 언제 완성해야 하는지 등등 한 가지 일에 집중하기도 쉽지 않은데, 동시에 여러 가지 지시가 떨어지면 어떤 일도 제대로 되기 어렵다. 설령 하나는 제대로 되었다고 하더라도 그다음에 거센 파도가 밀려올 경우, 이를 뚫고 나갈 역량이 비축되어 있지 않다면 망하는 길로 가게 된다.

축구를 보면 공격할 때 라인을 맞춰 함께 올라가고 수비할 때도 라인을 맞춰 오프사이드를 유도하기도 한다. 선수들이 항상 빠르게 움직이는 게 아니라, 공의 흐름에 따라 선택과 집중을 한다. 나아갈 때와 머물 때, 그리고 물러설 때를 아는 지혜와 안목을 갖춘 참모나 지도자가 있다면 무엇을 선택해서 어떻게 역량을 집중시킬 것인가를 결정할 수 있을 것이다.

그러려면 먼저 '너 자신'을 알아야 한다. 축구와 같이 협업이 필요한 구기 종목처럼 자신의 포지션을 알아야 선택과 집중도 가능하다. 초선 국회의원이 중진의 역할을 할 수는 없다. 중진이 초선 국회의원이 하는 일을 하는 건 바람직스럽지 못하다. 정당에서의 위치, 지역적 리스크, 선수選數 등등 종합적으로 자기 자신을 객관화해야 한다. 그건 리더 스스로 할 수 없는 일이다. 너 자신을 알게 해 줄 수 있는 좋은 참모가 필요한 이유이기도 하다.

030

어머니와 같은
리더가 강하다

연저지인吮疽之仁은 『오자병법』의 저자 오기吳起의 고사에서 나온 말이다. 오기 장군은 전쟁터에서 싸우다 부상당한 병사의 고름을 빨아 주었다고 한다. 그 얘기를 전해 들은 그 병사의 어머니는 통곡하면서 울었다고 한다. 일찍이 오기 장군은 그 병사의 아버지의 상처 또한 고름을 빨아 준 적이 있었는데, 그 병사의 아버지는 그 당시 오기의 연저지인에 감동해서 전쟁터에서 목숨 걸고 싸우다 죽었다고 한다. 그래서 그 병사의 어머니는 남편에 이어 아들도 잃게 되었다고 비탄하며 눈물을 흘렸다는 것이다.

『오자병법』은 『손자병법』보다 먼저 나온 것인데, 그 뿌리가 유교(유가사상)이다. 반면 『손자병법』은 도가와 법가의 영향을 받았고, 이후 병가의 중심 사상으로 자리 잡았다.

오기는 당시 70여 차례 싸움에서 한 번도 진 적이 없다고 한다. 오기의 연저지인을 모방한 장수가 바로 항우인데, 처음에는 한 번도 지지 않았지만, 한신과 같은 상대를 만나서는 연전연패하고, 결국은 패망했다. 그 차이가 무엇일까. 한신은 유방과 항우를 비교하며, 항우의 그러한 인仁을 아녀자의 인정이었을 뿐이라며 부인지인婦人之仁이라 비웃었다.

조직이 작고 1차집단(공동체)의 성격이 강할 경우, 연저지인은 효과적일 수 있다. 반면, 조직이 커지고 2차집단(이익집단)의 성격이 강해지면 시스템에 의해 상벌을 명확히 하는 것이 중요해지는데, 항우가 간과한 것은 유방과의 싸움은 온정주의로 커버할 수 없는 천하라는 큰 판을 두고 싸우는 전쟁이었다는 것이다.

031

이길 때를
경계하라

고대 그리스 에피로스의 왕 피로스는 전쟁에 있어서 알렉산드로스왕 이후의 최강이란 평가를 받고 있는 왕으로, 당시 신생 강국인 로마와의 전쟁에서 여러 차례 승리했지만, 소모적인 전투를 통해 수많은 장졸들이 죽으면서 결과적으로 그리스의 멸망을 초래한 왕으로 유명하다. 그래서 피로스는 상처뿐인 영광의 대명사처럼 거론되는 인물이다. 『오자병법』에서 오기가 언급한 오승자화五勝者禍의 교훈처럼, 오기는 "예로부터 여러 번 이겨서 천하를 얻은 경우는 드물었고, 오히려 망한 자가 많았다"고 말한다.

전쟁이란 무조건 이겨야 하는 것이지만, 항상 이기는 것이 천하를 얻는 데 유리한 일만은 아니라는 뜻이다. 옛날 전쟁은 승리를 통해 보급을 충당하고, 병력도 확보하고, 영토도 확장시킬 수 있는 장점이 있지만, 잦은 전쟁은 국력을 피폐하게 하고 국민을 피곤하게 한다. 『삼국지연의』에서 말하는 것처럼 제갈량이 다양한 전투에서 사마의를 농락했다고 알려졌지만, 제갈량의 1차 출사표 때는 마속의 오판으로 중원 회복에 필요한 보급로를 확보하기 위한 결정적인 전투인 가정街亭의 싸움에서 패전해 철군할 수밖에 없었다. 2차 출사표 때도 제갈량의 죽음으로 허무하게 목표를 달성하지 못하고 회군했다.

현대 정당정치에서도 경선이나 선거에서 반드시 이겨야 하지만 항상 이기는 것만이 중요한 것이 아니다. 결정적인 때를 위해 병력을 감추고 아낄 줄도 알아야 한다. 타당과의 선거에서도 본인의 인지도나 지지율이 열세라면, 무리한 선거를 해서 공직선거법 위반이나 정치자금법 위반으로 정치생명을 마치기보다는 역량을 보존하고 훗날을 도모하는 지혜도 필요하다.

032

1등보다 나은
2등도 있다

전쟁 중 적과의 싸움에서 2등 전략은 황당한 얘기처럼 들릴 수도 있다. 하지만 현대 정치의 핵심 수단인 선거에서는 가능한 전략이다. 특히, 내가 신인이라 인지도가 낮거나 대중의 평가가 높지 않다면, 우회하는 전략도 필요할 수 있다. 이 말을 지는 싸움을 준비하란 뜻으로 이해하면 안 된다. 싸움은 항상 최선을 다해야 하며, 공격에도 최선을 다해야 한다. 지더라도 내가 이번에 선택되지 않는 것이 나에 대한 정보 부족으로 인한 것이라고 강하게 어필해야 한다. 상대가 다선 중진이라 해도 약점이 있고, 다선의 피로감은 시간이 지날수록 증가한다. 권력에도 열역학 제2법칙인 엔트로피의 법칙이 작동한다. 낡은 것과 새로운 것의 싸움에서 시간은 새로운 것을 선택한다. 그것이 버르장머리 없는 놈일지라도… 인지도를 높이고 호감이나 좋은 평판을 쌓는 선거를 준비할 줄도 알아야 한다.

2등 전략을 효과적으로 활용하는 곳이 당대표나 최고위원을 뽑는 전당대회에서다. 특히 당대표의 경우, 시작부터 누가 될지 예측이 가능한 경우가 많다. 그럴 경우, 2등은 1등을 목표로 싸우지만, 3등은 2등을 목표로 싸운다. 이때 1등 후보와 연대가 가능하다. 통상적으로 당대표는 임기가 한 번이기 때문에 전임 당대표나 대선 후보와 손잡고 그다음 당대표를 도모하는 것도 가능하다. 다음이 없는 것처럼 정치하는 것이 가장 무모하고 어리석은 일이다. 도전자들은 시간이란 가장 믿을 만한 동지가 옆에 있다는 것을 간과하지 말아야 한다.

033

리더는 시간을
통제하는 존재

영화《닥터 스트레인지》에서 악당 '케실리우스'는 "가장 위험한 적은 시간이다. 시간은 모든 것을 죽이니까"라고 말했다. 신이 아닌 이상 시간을 이길 수 있는 존재는 없다.

23년 1월, 영상의 날씨였던 추위에 타이완 사람들 수백 명이 동사했다. 우리나라에서는 상상할 수 없는 일이 벌어진 것이다. 이렇듯 기온이라는 것은 절대적인 수치로 표현되지만 국가마다 사람마다 상대적으로 받아들이고 체감하는 것이 다르다. 인간은 생각보다 온도에 민감하다. 경계점에 있는 단 1도의 온도에 따라 추위와 더위를 느끼는 존재다. 시간도 마찬가지다. 1분, 1초라는 것도 지금 내가 무엇을 하고 있는지에 따라 부하가 달라진다. 중력에 따라 시간의 흐름도 달라진다고 하지만, 개인이 느끼는 시간은 일의 강도에 따라 상대적이다.

리더는 조직의 시간을 통제하는 사람이며, 자신의 시간에서 상대적으로 자유로운 존재이기도 하다. 반면, 일반인들은 정해진 시간 안에서 어떠한 목표를 정해 놓고 목표에 도달하는 정도에 따라 조직과 개인의 능력이나 효율을 평가받는다.

리더란 자신의 시간을 통제할 수 있기 때문에 적어도 자기가 시간을 설정하고 하고자 하는 일을 한다. 새벽형 인간도 있고, 저녁형 인간도 있다. 일찍 일어나는 사람은 거기에 맞춰 하루를 기획하고, 늦게 자는 사람은 또 거기에 맞춰 하루를 보내면 된다. 일반 직장인들에게는 허용되지 않는 리더들만의 시간…

개인으로서의 리더들은 칸막이 안이나 자신만의 방에 살고 있다. 자기의 공간에서 아랫사람들의 공간으로 자주 나오면 직원들은 불편해한다. 말이 좋아 소통이지 칸막이에 갇혀 있는 한 소통은 쉽지 않다. 아랫사람들은 자기들만의 공간에서 자유를 가지고 싶어 하기 때문이다. 리더들은 자기만의 공간에서 군자 신독의 의미를 깨달아야 한다. 운동이나 취미활동 등을 통한 좋은 루틴을 만들어 규칙적으로 살아가는 연습이 필요하다.

조직에서의 리더는 시간의 도전에 직면한다. 모든 일에는 시간의 흐름, 즉 순서가 존재하기 때문이다. 그래서 시간을 관리하는 리더의 역할은 크게 두 가지가 있다. 첫째, 부하직원들이 업무 효율을 최대한 발휘할 수 있도록 시간을 안배해 주는 것이다. 둘째, 바둑처럼 정확한 수순을 찾아내서 일을 배치하는 것이다.

실제 리더에게 중요한 것은 두 번째다. 첫 번째 분야는 시스템적으로 관리되기 때문에 시스템에 대한 진단과 점검이 필요한 부분이지만, 두 번째 분야는 리더의 판단사항이자 결정사항이기 때문이다.

조직의 전략과 기획을 담당하는 팀과 반복적으로 시뮬레이션을 하면서 오류를 최소화해서 결정해야 한다. 리더의 성격에 따라 공격적인 결정을 할 수도 있고 방어적인 결정을 할 수도 있지만, 수순에 따라 살기도 하고 죽기도 하는 바둑처럼 잘못된 수순은 죽음으로 연결된다. 리더와 참모들이 시간을 관리할 때, 적어도 죽는 수순으로 가는 것은 막아야 한다.

034

시간에 쫓긴다고
순리를 거스르지 마라

일모도원 도행역시日暮途遠 倒行逆施는 해는 기울고 갈 길은 머니, 순리를 거슬러서라도 할 건 하겠다는 오자서의 말이다. 오늘날 일모도원이란 말은 나이가 들어 시간이 별로 남아 있지 않음을 나타내는 말로 많이 쓰인다. 원래 초나라 사람이었던 오자서는 초나라 왕(초평왕)에게 자신의 아버지와 형제가 살해되자 오나라로 도망쳐 오왕 합려의 신하가 되었다가, 훗날 손무(『손자병법』의 저자)와 함께 초나라를 공격해서 함락시켰다.

승리한 오자서는 원수를 갚고자 이미 죽은 초평왕의 무덤을 파헤쳐 그의 시체를 꺼내 채찍으로 300번 내리치는 괴이한 방식으로 복수를 한다. 이 소식을 들은 오자서의 옛 초나라 친구 신포서는 편지를 보내 '과한 행동'이라고 질책했지만, 오자서는 '일모도원 도행역시'라며, 자신의 행동을 변명한다. 가족이 몰살당하고 살아남은 자의 평생 한이 서린 마음의 표현이라 할 것이다.

순리를 어긋난 오자서의 행동(도행역시)에 대해 대체적인 평가는 부정적이다. 장수란 점령지 백성의 민심을 안정시키고 동화시켜야 하는데, 오자서의 잘못된 행동으로 초나라 백성들의 지지를 받지 못함으로써 전쟁은 이겼지만 오나라 군대는 초나라를 합병하지 못하고 퇴각해야 했다. 바둑에서처럼 다 이긴 싸움이 한 번의 악수로 뒤집어진 사례다. 무리수나 악수가 바둑에서 성공하기 어렵듯, 현실 정치에서도 마찬가지다.

오자서는 장수로서는 유능했는지 몰라도 정치가로서의 능력은 부족했다고 볼 수 있다. 정치를 감정으로 해서는 안 된다. 특히 개인적인 사감私感이 들어가면 더더욱 안 된다.

물론 역사를 보면 현실 정치에서는 이방원에 의한 정몽주의 죽음, 수양대군에 의한 김종서의 죽음과 같이 순리를 거스르는 일들이 많다. 허나 대부분의 역사가들은 이를 도행역시라 보지 않고 정치적 결단이라고 해석한다.

물속에 큰 돌이 있다고 하자. 그 큰 돌에는 메기, 꺽지, 가재 등등 많은 물고기가 모여 살고 있다. 큰물이 흘러가야 하는데, 그 큰 돌이 물길을 막고 있거나 방향을 바꾸고 있다면 어떻게 해야 할 것인가. 거기 있는 물고기들과 공존할 생각이 아니라면… 가끔은 더 큰 순리를 위해 역리가 필요할 때도 있다.

035

넛지를 활용하라

많은 것을 한 번에 바꾸려고 하면 아무것도 못 바꾼다. 한두 가지만이라도 바꾸려고 한다면 도전해 볼 만하지만, 성공하기는 쉽지 않다. 변화나 발전을 설명하는 데 있어서 '양적인 변화가 질적인 변화를 초래한다'는 유물론적 관점은 여전히 유효하다. 즉 변화를 위해서는 어느 정도 축적의 시간이 필요하다는 것이다. 모순도 축적되고 사회적 갈등도 축적되어야 하고 변화를 원하는 세력들의 축적도 필요하다. 가끔 쉽게 얻어걸리는 경우가 있지만, 충분한 변화량을 만들어 내기 위해서는 일정 정도의 양적인 축적이 있어야 한다.

반면, 넛지nudge는 양적인 축적의 유무와 관계없이 내가 원하는 방향으로 사람들이 행동하도록 영향을 준다는 면에서 다르다. 챗GPT에 넛지에 대해 물어보았더니 다음과 같이 말한다. 경제학에서 "넛지" 효과는 의사결정이 이루어지는 환경이나 맥락에 대한 작고 미묘한 변화가 예측 가능한 방식으로 사람들의 선택에 영향을 미칠 수 있다는 것이다.

넛지의 개념은 심리학의 통찰력을 전통적인 경제 분석에 통합하는 행동 경제학에 뿌리를 두고 있다. 행동 경제학자들은 사람들이 항상 전통적인 경제 모델에서 예측 가능한 합리적이고 이기적인 방식으로 행동하는 것이 아니라 다양한 심리적, 사회적 및 환경적 요인의 영향을 받는다는 것을 보여 주었다.

공공 정책의 맥락에서 넛징은 이러한 통찰력을 사용하여 사람들이 자신의 최선의 이익 또는 더 광범위하게는 사회의 최선의 이익을 위한 결정을 내리도록 장려하는 정책 개입을 설계하는 것을 말한다.

어떤 사람들은 넛지가 복잡한 사회 문제를 해결하고 복지를 개선하는 데 유용한 도구라고 주장하는 반면, 다른 이들은 넛지를 선택의 자유와 자율성을 훼손하는 가부장주의의 한 형태로 보고 있다. 이러한 지속적인 논쟁에도 불구하고 넛지는 점점 더 많은 정책 영역에 적용되고 있으며 정책 결정에 미치는 영향은 계속해서 커지고 있다.

대학 때 친구와 모 대학 도서관을 다닐 때 기억이 있다. 더운 여름인데 학생들이 버스를 타기 위해 뙤약볕 아래 줄을 서고 있었다. 장난기가 많았던 우리는 곧게 일자로 똑바로 서 있는 줄을 그늘이 있는 쪽으로 향해 역 기역자로 꺾었다. 그 뒤로 사람들은 그늘 쪽에서 차를 기다리게 되었다. 난 그때 그것이 넛지의 리더십이라는 것을 깨달았다. 돈이 드는 것도 힘이 드는 것도 아니다. 작은 행동이나 표현이 사람들의 생각과 마음을 바꿔 줄 수 있다는 것을 알았다. 사람들의 생각과 행동은 관성의 지배를 받고 있다. 생활 속에서 쉽게 볼 수 있는 식이요법(다이어트)이나 운동도 그렇다. 당신이 틀렸다고 말하는 것보다 어떻게 넛지를 할 것인가를 고민하는 것이 어떨까 싶다.

036

상선약수

2천여 년 전에 나온 노자의 『도덕경』에 등장하는 상선약수上善若水에도 넛지의 개념이 들어가 있다. 물론 어디에 있냐고 물을 수 있지만, 도나 선이라는 것이 훨씬 큰 개념이니 넛지가 그 부분집합이라는 것은 부정하기 어려울 것이다.

대체로 우리나라에서는 최고의 선을 도와 같은 의미라고 해석(그렇다면 노자가 도라고 쓰지 않았을까 하는 의구심이 들긴 하지만)하지만, 필자는 善은 도가 실현되는 형식이나 형태라고 생각한다. 노자는 그것을 물과 같다고 했다. 물이란 형체가 없지만 담는 그릇(용기)에 따라 그 모양과 쓰임이 정해진다. 높은 곳에서 낮은 곳으로 흐르기 때문에 높은 자리보다는 낮은 자리를 더 좋아하고, 가지 못하는 곳이 없고, 가장 연약해 보이지만 파괴하지 못하는 것이 없다. 물이란 가장 약하지만 가장 강한 존재다. 그래서 최고의 선인 상선上善이라고 부른 것 같다.

하지만 물은 담는 사람의 그릇과 물길을 만들어 주는 존재들의 영향을 받는다. 아무리 좋은 물이라도 밭으로 들어오면 그해 밭농사를 망칠 수 있다. 논으로 갈 물도 적당량 이상일 경우 모내기를 할 수 없다. 관리되지 않는 물은 통제받지 않는 권력처럼 악이 될 수 있다. 그래서 모내기 철이 되면 논물이 많지도 적지도 않게 물길을 관리해야 한다.

우리가 많이 쓰는 소통이란 말도 여기에서 기원하고 있다. 소통疏通의 소는 막힌 물줄기를 터 준다는 데서 왔다. 댐이나 대형 보를 만들라는 것이 아니다. 넛지처럼 살짝 조금만 방향을 바꿔 주거나 높이만 조절해도 된다.

좋은 정책이 중요한 게 아니라 정책의 목표가 물처럼 구석구석 여기저기 잘 스며들게 하는 리더십과 좋은 거버넌스가 필요하다. 무위의 치란 이런 것이 아닐까.

037

좋은 시스템을
만들어라

'무위의 치無爲之治'란 동양 정치철학에서는 최고의 경지이자 가
장 이상적인 리더십으로 받아들여지고 있다. 실제, 도가사상
의 시조인 노자뿐만 아니라, 유교의 공자, 법가의 한비자 등도
무위의 치를 말하고 있다. 노자는 순리自然에서, 공자는 인간성
회복禮에서, 법가는 법에서 그 답을 찾았다.

　많은 사람들이 무위사상은 아무것도 하지 말라는 것으로
착각한다. 노자는 자연법의 순리에 따르는 것이 무위지치라고
보았고, 공자는 서로 각자의 예와 본분을 지키면 무위의 치에
도달할 수 있다고 믿었고, 한비자와 같은 법가들은 법을 통해
서만 가능하다고 믿었다. 이 셋의 공통점은 시스템이라는 것이

다. 그 시스템의 핵심 작동원리는 각각 다르지만, 본질은 시스템으로 움직이는 세상이라는 것이다.

대한민국은 일제 피식민지와 한국전쟁의 폐허 위에 매우 빠르게 성장했다. 경제만 성장한 것이 아니라 민주주의 제도 면에서 시스템적으로 어느 나라보다도 자기완결성을 갖출 만큼 성장했다. 박정희, 전두환 때처럼 한두 사람이 좌지우지할 수 있는 나라가 아니다. 우리나라의 시스템이 완벽하다거나 훌륭하단 뜻은 아니다.

우리나라의 관료들은 규제를 만든다. 다시 말해 기존 시스템에 규제라는 브레이크를 장착하고 그것을 통해 '지대추구 rent-seeking 행위'를 하고 있다. 규제란 엔트로피 증가법칙처럼, 계속 증가한다. 관료들은 규제를 줄이거나 없앤다고 새로운 규제를 만든다.

현대 정치에서도 무위의 치는 중요하다. 시대착오적인 불필요한 규제를 제거하고 좋은 시스템을 만드는 것이 정치 리더들이 해야 할 일이다.

리더는 호불호를
드러내서는 안 된다

한비자는 군주는 거호거오去好去惡해야 한다고 했다. 쉽게 말하면 자신의 호불호好不好를 드러내지 말아야 한다는 것이다. 리더가 호불호를 드러내면 신하들이 그에 따라 비위를 맞추려고 노력하게 되기 때문에, 신하들의 본심을 알 수 없게 된다는 것이다. 반대로 리더의 속마음을 알지 못해야 신하들이 본심을 드러낸다는 것이다. 인간은 포커페이스가 아닌 한 눈빛을 통해 자기 감정이 드러난다. 그래서 선글라스가 없던 옛날에 왕의 면류관에 작은 구슬을 달았던 이유가 신하들이 왕의 눈빛을 직접 보지 못하게 하기 위해서라는 말이 있을 정도다.

실제 리더 주변의 많은 참모들은 리더의 말, 행동, 습성이나 욕구 등으로 다음 행보를 예측한다. 쉽게 말해 능력 있는 참모들은 리더의 눈빛만 봐도 뭘 원하는지 안다. 처음에는 한비자의 말처럼 눈빛도 감출 수 있지만, 시간이 길어질수록 리더들은 투명한 유리상자 안에 놓인 벌거벗은 임금님이 되지만, 일반 국민들의 눈이 아닌 참모들의 눈에만 보인다는 게 그나마 다행이랄까… 현실에서는 일반인들의 눈에 보이지 않도록 관리하는 것이 참모들의 능력이자 업무가 되기도 한다.

소셜 네트워크sns를 통해 정보가 실시간으로 공유되는 현 세계에서 리더는 속마음을 감추기 어렵다. 경험이 부족하고 호불호가 명확한 리더의 경우 간신배들의 먹잇감이 되기 쉽다. 한비자는 신하들이 자기 이익을 위해 왕을 이용한다는 것을 전제로 했기 때문에 일부 맞을 수도 있지만 다 옳다고 보기는 어렵다. 유비처럼 속마음을 공유할 수 있는 사람 3명만 있어도 나라도 세울 수 있기 때문이다. 속마음을 이용할 간신만 있고 공유할 충신이 없다면 그 리더는 고립되고 나라는 위태로워질 것이다.

039

진실을
두려워하라

역사는 승자의 역사란 말이 있다. 역사란 분명 실체적 진실을 바탕으로 하고 있지만 관점에 따라 해석이 달라진다. 역사를 해석할 권한은 항상 승자에게 주어졌기 때문에 우리는 달의 한쪽 면만 보듯 승자의 역사만을 본다. 게다가 정보의 홍수와 가짜뉴스가 난무한 시대를 살면서 무엇이 진실인지 더 알기 어려워졌다.

그런데 진실이란 알기도 어렵지만 알고 난 이후가 더 어렵다. 인간은 본질적으로 불완전한 존재이며, 인식 자체도 불완전하다. 내가 아는 것이 정말 아는 것인지도 다시 한번 생각해 볼 필요가 있다. 전후 맥락을 빼고 팩트만 말하는 것도 위험한 일이다.

정치 영역에서는 동일한 팩트를 가지고 일 년 내내 싸우는 경우가 많다. 윤석열 대통령이 말한 바이든이든 날리면이든, 대부분의 국민들이 바이든이라고 이해하고 있지만, 그것 가지고도 싸운다. 대통령의 말실수는 알 권리 차원에서 보도되어야 하지만, 국격이 떨어지는 것을 생각한다면 그대로 보도되었어야 하는지 고민이 필요한 부분이 있는 것도 사실이다. 진실을 가장 많이 다루는 영역인 언론, 검찰, 법원, 국회 등이 세상에서 가장 시끄러운 곳이 되는 이유는 진실이라는 게 그만큼 불편하다는 방증이기도 하다.

리더에게 있어서 진실이란 아는 것보다 어떻게 처리할 것인가가 더 중요할 때가 많다. 대부분의 경우, 여기서 보수와 진보가 나뉘고 여야가 갈린다. 시민의 관점에 설 것인지 통치자의 관점에 설 것인지, 자본의 관점에 설 것인지 노동의 관점에 설 것인지, 일국의 관점에서 볼 것인지 국제적 관점으로 볼 것인지, 통사적으로 볼 것인지 비교정치경제학적 관점에 볼 것인지 등등에 따라 진실은 달라진다. 그래서 리더들은 불편한 진실을 대할 때 가치중립적인 '무지의 베일(존 롤스의 veil of ignorance)'에서 진실을 보는 것보다 어떠한 입장에 설 것인지 선택하고 다뤄야 한다.

040

말을 절제하라

요즘 정당들은 대체로 일주일에 3번의 최고위원회를 하고 2번의 원내대책회의를 한다. 대변인도 당대표의 대변인부터 원내대표 대변인까지 정당을 대변하여 발언하는 대변인단이 부지기수다. 경력관리 차원에서 당직을 받은 경우도 있지만 실제 적지 않은 수가 대변인 역할을 하고 있다.

다언삭궁多言數窮 은 노자의 『도덕경』 제5장에 "말이 많을수록 자주 궁색해지니 속을 지키는 것만 못하다多言數窮 不如守中" 는 구절에서 나온 것이다. 노자는 제23장에서 "말을 적게 하는 것이 자연스럽다希言自然"고 한 것을 비롯하여 『도덕경』의 여러 장에 걸쳐 '말이 많은 것多言'을 경계하였다. [네이버 지식백과] 다언삭궁

예전에는 회의가 많지 않았고, 당 대변인의 메시지에도 여백이 많았다. 정보공개 수준은 낮았지만, 현안에 대한 협상의 여지들은 많이 남겼다는 장점이 있다. 현재 SNS를 활용하면서 정보공개 수준은 매우 높아졌고, 폭증하는 정보량 속에서 지지자들은 자기 취향에 따라 편집해서 정보를 접하게 된다. 좀 더 정확히 말하면 SNS가 자기 성향을 분석하여 좀 더 쉽게 접근할 수 있게 해 준다. 문제는 메시지가 많다는 것은 오류 또한 많을 수 있다는 것이다.

다언삭궁이란 말처럼, 입이 하나고 귀가 둘인 이유를 굳이 다시 말하지 않아도 다 아는 평범한 진리다. 『성경』, 『논어』, 『노자』 등 옛 경전의 메시지는 대부분 다 단문이다. 해석하는 과정에서 아랫사람들의 상상력과 창의력이 보태질 여지를 두어야 한다. 상층 리더로 갈수록 메시지는 절제되어야 한다.

041

안다고 생각할 때가
제일 위험하다

선무당이 사람 잡는다는 말이 있다. 잘 모르는 사람이 아는 척
을 하면 다른 사람에게만 피해를 주는 게 아니라 자기 자신도
위태롭게 한다. 공자는 '아는 것을 안다고 하고 모르는 것을 모
른다고 하는 것이 앎知之爲知之 不知爲不知 是知也'이라고 했다. 소크
라테스는 당대 똑똑하다고 하는 소피스트들과의 논쟁에서
'나는 내가 모른다는 것을 아는데, 저들은 자기가 모른다는 것
도 모른다'며, 자신이 그들(소피스트)보다 아는 것이 하나 더 많
다고 말한 바 있다.

　　아는 것을 모른다고 하는 것은 비겁하거나 정직하지 않은
일이지만, 잘 모르는 것을 안다고 하는 것은 위험한 일이다. 우

리는 소피스트들처럼 '안다'는 것을 전제로 논쟁을 하지만, 당대 최고의 과학자인 아인슈타인도 양자역학을 인정하지 않았었다는 것을 보면 그때도 그랬지만 지금도 마찬가지로 '안다'는 것은 결코 쉬운 일이 아니다. 사람의 영역인 인문과학과 사회과학 영역에서 안다는 것은 모른다는 것을 아는 것이 차라리 쉬울 수도 있다.

굳이 인식론적인 차원에서의 지식을 말하지 않아도 우리는 우리의 생활 속에서 많은 지식과 경험을 축적해 가고 있다. 같은 종류의 운전면허가 있어도 운전 경험에 따라 완전히 다른 운전습관이 만들어진다. 지식이란 경험을 통해서 축적되고 변화한다. 1일짜리, 한 달짜리 경험, 반년짜리, 1년짜리, 10년짜리, 20년짜리 경험을 가진 동일한 배경 지식을 가진 사람들이 있다고 하자. 컴퓨터나 로봇은 하루든 100년이든 고장이 나지 않는 한 동일한 결과가 나오지만, 인간은 그렇지 않다. 거의 매일매일 매뉴얼에도 없는 새로운 돌발상황이 발생하고 당사자나 관리자는 그것을 관리해 왔다. 이것이 쌓이면 축적의 시간이 된다. 조직에서는 천재보다 이러한 경험이 많은 전문가를 필요로 하는 것이 당연할지도 모른다.

문제는 어설프게 알 때, 즉 이젠 안다고 생각할 때다. 초보운전자들이 사고가 잘 안 나는 이유는 긴장하고 조심하기 때문이다. 조금씩 익숙해지면서 이것저것 해 보고 싶은 욕심에 크고 작은 사고가 난다. 대부분의 사람이 자기가 어디까지 알고 있는지 정확히 모른다. 경험의 한계와 지식의 한계도 작용한다. 그래서 항상 '모른다'는 마음으로 겸손해야 하며, 돌다리도 두드리며 가는 신중함이 필요하다. 물론 중요한 결단이 필요한 경우, 내가 완전히 알 때까지 기다릴 수는 없다. 그때까지 취합한 정보로 최선의 판단을 해야 하는 것이다.

사회 현상 속에 있는 프랙털 구조를
볼 줄 아는 통찰력이 필요하다

프랙털[*] 구조는 자연현상을 설명하는 데 사용하는 용어지만,

프랙털[*] 구조는 자연현상을 설명하는 데 사용하는 용어지만, 사회현상에서도 자기유사성과 순환성이 끊임없이 반복되며 나타난다. 대부분 자신이 속한 계급적인 관점이나 계층적인 시각에서, 사람들의 요구나 주장은 무한히 반복되면서 재생산되

---

* **프랙털** : 프랙털 이론은 1975년 망델브로라는 수학자에 의해서 시작되었다. 프랙털이란 작은 구조가 전체 구조와 닮은 형태로 끝없이 되풀이되는 구조를 말한다. 자신의 작은 부분에 자신과 닮은 모습이 나타나고 그 안의 작은 부분에도 자신과 닮은 모습이 무한히 반복되어 나타나는 현상이다. 프랙털 구조는 자연에서 쉽게 찾을 수 있다. 해안선, 구름, 우주의 모습 등 자연현상에는 무질서하게 보이는 것들을 잘 살펴보면 일정한 기하학적 구조를 가지고 있다는 것이다. 즉, 부분과 전체가 똑같은 모양을 하고 있는데, 이러한 성질을 '자기 유사성'이라 부르고, 이러한 현상이 무한히 반복되는 것을 '순환성'이라 하고, 이런 구조를 '프랙털'이라고 한다.
[네이버 지식백과] 프랙털-재미있는 수학 이야기 참고

고 있다. 자본을 중심으로 생각하는 사람은 자본의 확대재생산을 위해 법과 제도를 만들고 활용하며 끊임없이 새로운 것들을 창출하는데 매우 복잡한 구조를 띠고 있는 것처럼 보이지만 그 본질은 하나로 귀결된다. 바로 자본의 이익이다. 20세기 말 사회주의의 몰락과 자본주의라는 이기적인 유전자만 생존한 21세기에서는 노동이라는 계급적 관점은 인간적 관점으로 확장되면서 비인격적이고 비인간적인 자본적 관점과 인격화되고 인간적인 관점이 대립되어 사회 모든 제도와 현상에 걸쳐 나타나 있다. 현대 가장 자본 중심적인 시장에서도 인간적이고 보편적인 가치의 문제는 법과 제도를 통해 상호결합되어 공존하고 있다. ESG(환경, 사회적 책임, 거버넌스)와 같은 것이 대표적이라고 본다.

사회 현상 전체를 들여다보려면 아주 작은 부분부터 정확히 이해해야 한다. 부분의 구조가 끝없이 반복하며 전체를 이루는 프랙털 구조는 물리적 세상뿐만 아니라 사람 사는 세상에서도 존재하기 때문이다. 작은 것을 놓치고 큰 것만 보려면 껍데기 말고는 아무것도 알 수 없다. 생활 속의 아주 작은 것, 사소한 것을 통해 전체를 볼 수 있어야 하고, 사회 현상을 이루고 있는 아주 작지만 본질적인 프랙털 구조를 찾는 것이 문제 해결에 도움이 될 것이다.

작은 일에서 큰일의
전조를 찾아라

1920년대에 미국 한 여행 보험 회사의 관리자였던 허버트 W. 하인리히Herbert W. Heinrich는 75,000건의 산업재해를 분석한 결과 아주 흥미로운 법칙 하나를 발견했다. 그는 조사 결과를 토대로 1931년 『Industrial Accident Prevention』(산업재해예방)이라는 책을 발간하면서 산업 안전에 대한 1 : 29 : 300 법칙을 주장했다.

이 법칙은 산업재해 중에서도 큰 재해가 발생했다면 그전에 같은 원인으로 29번의 작은 재해가 발생했고, 또 운 좋게 재난은 피했지만 같은 원인으로 부상을 당할 뻔한 사건이

300번 있었을 것이라는 사실을 밝혀냈다. 이를 확률로 환산하면, 재해가 발생하지 않은 사고No-Injury Accident의 발생 확률은 90.9%, 경미한 재해Minor Injury의 발생 확률은 8.8%, 큰 재해Major Injury의 발생 확률은 0.3%이라는 것이다.

하인리히 법칙은 어떤 상황에서든 문제 되는 현상이나 오류를 초기에 신속히 발견해 대처해야 한다는 것을 의미함과 동시에 초기에 신속히 대처하지 못할 경우 큰 문제로 번질 수 있다는 것을 경고한다. 이러한 하인리히 법칙을 정리하자면 '첫째, 사소한 것이 큰 사고를 야기한다', '둘째, 작은 사고 하나는 거기에 그치지 않고 연쇄적인 사고로 이어진다'로 추릴 수 있다.

경미한 사고가 발생했을 때, 이것을 전조로 생각하고 대비를 해야 하지만 현실은 그렇지 않다. 둑이 무너지는 것을 예방하는 것보다 댐이 무너지는 것을 막는 사람이 영웅이 되기 때문이다.

작은 일을 관리하지 못하면 무능한 관리자라고 한다. 그런데 큰일을 막지 못하면 불가항력, 즉 어쩔 수 없는 일로 치부한다. 훌륭한 리더라면 하인리히 법칙처럼 큰일이 터지는 데는 작은 일들이 알람 역할을 한다는 것을 잊지 말아야 한다. 리더는 숲도 봐야 하고 그 속의 나무도 볼 줄 알아야 한다. 부분을 통해 전체를 볼 줄 아는 통찰력과 전체 속에서 부분을 들여다볼 줄 아는 세심함이 필요하다.

044

무엇을 해야 할지 모른다면
밥 먹는 일부터 시작하라

어차피 다 먹고 살기 위한 거란 말이 있다. 다반사茶飯事라는 말이 있듯이 한국인에게 차와 밥을 먹는다는 것은 늘 하는 일상을 의미하기도 한다. 문제는 누구와 먹느냐는 것이다.

오찬효과Luncheon Effect란 말이 있다. 사람은 밥을 먹으면서 친해지고 맛집을 공유하면서 정서적인 유대감도 깊어진다. 거기에 술까지 곁들인다면 효과는 배가 된다. 누구와 밥을 먹느냐, 점심이냐 저녁이냐를 판단하고 결정하는 것이 중요하다. 친구들이나 지인들과의 편안한 식사와 달리 정치 영역에서는 밥 먹는 것도 하나의 중요한 정치 행위인 것이다.

조용한 것을 좋아하는 사람, 떠들썩한 분위기를 좋아하

는 사람, 대화를 좋아하는 사람, 노출되는 것을 싫어하는 사람 등등 다양한 인간들의 성격도 주요 변수이기도 하지만, 모임의 성격에 따라 좌우되는 경우가 더 많다. 일반인들도 예외가 아니다.

누구부터 밥을 먹냐, 누구와 밥을 먹냐, 어떤 밥을 먹냐, 어떤 술이 있냐, 부부가 함께 참여하는 것이냐 등등 다양한 의미를 담고 있다. 옛날 제후들이나 권신들이 식솔이나 가솔을 두었던 것도 밥의 정치였을 것이다. 대통령과 같은 최고 리더들은 밥을 먹는 행위는 대단히 정치적인 행위이기 때문에 가려 먹어야 한다. 누구와 어떻게 먹었냐에 따라 다양한 해석과 추측이 만들어지기 때문이다.

국회의원들의 경우, 특히 지역에서 활동하다가 중앙에 진출한 초선 국회의원들은 당선되고 국회에 입성하면 당장 무엇을 해야 할지 몰라 당황하는 경우가 많다. 무엇을 해야 할지 모른다면 기회가 되는 대로 밥이라도 열심히 먹어야 한다. 다선 중진 국회의원도 예외가 아니다.

045

공짜 점심은
없다

복지정책을 비판하는 사람들이 '호의가 계속되면 권리인 줄 안다'는 말을 사용하는 경우가 있다. 복지국가에서 복지혜택은 호의가 아니고 권리다. 혜택이라는 표현 자체도 적절하지 못하다. 상당 부분 자기 소득에서 나간 돈이거나, 적어도 공동체 유지를 위해 필요한 복지정책들이기 때문이다.

여기서는 이 말을 사람 관계에 대한 말로 범위를 제한한다. 가족 관계, 친구들과의 관계, 리더와 참모의 관계, 정치인들 간의 관계, 정치인과 지역 주민과의 관계 등등 인간은 다양한 관계를 맺고 있다. 그런데 친구를 만나도 계속 밥을 사야 하는 친구에게는 계속 사고, 얻어먹는 친구에게는 계속 얻어먹는 경우가 많다. 요즘처럼 1/n로 나눠 내는 MZ세대와는 달리, 이러한 행태는 늘 반복된다. 심리적인 기준은 서로가 예상하는 소득수준에 따른 것이지만, 호의가 계속되면 권리인 줄 안다고 권리처럼 아니면 적어도 당연하다고 생각하게 된다.

정치인들도 크게 다르지 않다. 정치인들은 지역을 위해 큰일을 한 것처럼 여기저기 생색을 내며 홍보한다. 하지만 정치인들이 지역 주민들에게 호의(?)를 베푸는 것은 사실 호의가 아니라 복지처럼 주민들의 권리이거나 당연히 해야 할 일인 경우가 많다.

그러나 호의를 받는 경우는 완전히 다른 문제다. 누군가 정치인들에게 반복적으로 호의를 제공한다면, 이것은 호의가 아닐 수 있다는 것을 깨달아야 한다. 정치인들은 '공짜밥은 없다'는 말을 잊어서는 안 된다. 그런 호의는 자기의 무덤이 될 수도 있기 때문이다.

046

사람과 일을
분리해야

죄는 미워하되 사람은 미워하지 말라는 말이 있다. 어려서는 한마디로 말 같지도 않은 궤변처럼 들렸다. 어떻게 사람과 그의 행위가 분리된단 말인가. 그런데 나이가 들어 가면서 인간에 대한 문제를 다시 들여다보았을 때, 인간이란 불완전하고 비합리적이고 비이성적인 존재라는 것을 깨닫게 되었다. 인간은 고의든 실수든, 크든 작든 사고를 친다. 그게 인간이다. 인간들이 보호받아야 할 정보들로 무장하고 있지 않다면, 누구나 부끄러움과 자책감에 고개를 떨구고 살아갈 것이다.

어떤 사람이 사고를 치는 모습을 봤다면, 평생 그 모습만 기억되며, 그것은 그 사람에 대한 낙인으로 남는다. 이 또한 사람이기 때문에 어쩔 수 없다. 그런데 그 사람이 내가 필요한 부문에서 뛰어난 능력을 가지고 있다면 어떻게 할 것인가. 사람을 쓸 때는 단점은 경계하되 그 장점을 보고 써야 한다. 일의 성공 여부에 대해서는 책임을 묻거나 칭찬을 해 줘야 하지만 사람에 대한 책임을 물어 비난하면 안 된다. 인성이 어떻고 태도가 어떻고 등등 사람의 문제는 함부로 말해서는 안 된다. 일은 일일 뿐이다.

한두 번의 실수나 잘못은 인간의 영역이지만, 반복적이거나 고의적인 실수나 잘못은 품성의 문제다. 일상에서 거짓을 일삼고 누군가를 기망하고 이간질하는 잘못된 품성을 가지고 있는 사람이라면 멀리해야 한다. 한두 번의 실수로 그 사람 전체를 판단하는 것 자체가 실수일 수 있다. 동네 건달들의 사타구니 밑을 지나갔던 한신의 과하지욕胯下之辱의 이야기를 듣고 한신에 대한 판단은 크게 두 가지로 나뉘었던 것 같다. 항우는 이를 남자답지 못한 수치로 여겨 한신의 사람됨을 낮게 평가하고 중용하지 않았지만, 유방은 이를 큰 뜻을 위해 눈앞의 불이익을 감수하는 큰 그릇으로 본 것 아닐까. 어찌 되었건 과하지욕은 한신 개인에게는 부끄러운 흑역사임에는 분명하다. 리더는 그 속에서 그의 그릇을 볼 줄 알아야 한다.

답은 정해 놓고 가는 것이 아니라
함께 찾아가는 것이다

브레인스토밍은 다이내믹(동태적)한 의사결정에서는 필수적
이다. 현장에 대한 이해가 부족한 왕(선조)이 내린 명령을 그대
로 따르다 망한 원균과 현장 상황에 맞게 의사결정을 내린 이
순신 장군의 사례를 보면, 둘의 가장 큰 차이는 충성심이 아니
라 의사결정 과정 아니었을까.

현대 사회에서 가장 다이내믹한 조직 중 하나가 정치라고
생각한다. 하루에 가장 많은 의사결정을 하는 조직이다. 대부
분의 조직에서는 어떠한 행사에 참여하기 위해서 몇 달 전부
터 의사결정을 하고 준비하지만, 국회의원의 경우 당일에 참석
여부를 판단해야 하는 상황도 비일비재하다. 어떤 경우 전후

맥락을 잘 모르는 상황에 놓일 수도 있지만, 항상 긴장을 늦추지 않고 여론의 흐름을 예의 주시하며 판단해야 한다.

인생에 정답이 없듯이 정치에도 정답은 없는 경우가 대부분이다. 여러 개의 답안 중 리스크를 최소화하는 선택을 하는 경우가 대부분이지만, 간혹 도전적으로 '하이 리스크 하이 리턴'에 베팅을 하는 경우도 있다. 무난하게 가면 무난하게 죽거나 진다. 그래서 언젠가는 베팅을 해야 한다. 그 답은 정해진 것이 아니라 찾아가야 하는 것이다. 바람과 물길이 쉬지 않고 바뀌는 정치판에서 정례적이고 의례적인 회의체가 가장 비효율적이다. 성공한 리더가 되려면 최선의 답을 찾아가는 브레인스토밍을 조직해야 한다.

048

산의 부동심과
물의 지혜를 갖춰야 한다

한자를 해석할 때, 몇 가지 자연스럽지 못한 해석들을 발견한
다. 어질 인仁의 경우, 어질다고 해석하면 문장의 흐름이 끊기는
경우가 많다. 그런 경우, 어질다는 뜻보다는 '사람다움'이나 '된
사람'으로 바꿔 해석하면 뜻이 통하는 경우가 많다. 인자요산
지자요수仁者樂山 知者樂水란 말은 어진 사람은 산을 좋아하고 지
혜로운 사람은 물을 좋아한다고 해석되지만 원문 전체를 보면
어색하다. 『논어』 원문을 보면, 지혜로운 사람은 물과 같이 변
화하는 흐름을 놓치지 않는다는 것에 가깝다. 또한 된 사람은
산처럼 쉽게 흔들리지 않는 부동심을 가진 사람이란 뜻이다.

　인간은 배를 탄 듯이 배의 흔들림에 같이 흔들리는 존재

다. 여기서 부동심을 가진다는 말은 생각보다 쉽지 않다. 뱃멀미를 겪어 본 사람들은 그 느낌을 알 것이다. 경험상, 몸에 힘을 빼고 파도에 몸을 맡기면 멀미에서 벗어날 수 있었는데, 사실 그게 말처럼 쉽게 되는 것이 아니다. 부동심이란 흔들리는 배 안에서 낚싯바늘에 낚싯줄을 꿰고 미끼를 달고 물고기를 잡는 어부들의 경지와 같지 않을까. 인격의 수양을 통해 어떠한 흔들림과 변화에도 항상심을 가지고 자신의 일을 제대로 해낼 수 있는 사람이 '된 사람'이라 할 것이다.

지혜로운 사람이란 흔들리는 배 위에서도 물때를 알고 어디에 어떤 물고기가 있는지 분석하고 이해하는 사람이라고나 할까. 비록 보이지 않는 물속이지만 그 속은 변화무쌍하다. 지식과 경험, 그리고 타인의 조언 등등을 통해 우리는 그 속을 확률적으로 예측할 뿐이다. 수면에 드러난 언론 기사 아래에는, 조금은 그보다 물밑에 있는 백브리핑들과, 너무 깊이 있어 속을 알 수 없는 여러 흐름들이 존재하기에 그것을 관찰하고 분석해서 예측하는 지혜가 필요하다.

정치인이란(사업가들도 마찬가지라고 보지만) 망망대해 속에 떠 있는 일엽편주에 불과할 때가 많다. 자기가 어디에 있는지, 어디로 가는지, 지금 있는 곳에서 무엇을 낚아야 할지 모를 때가 많다. 그래서인지 무속인을 찾아가 점을 보는 정치인들이나 사업가들이 생각보다 많다. 윤석열, 김건희의 천공이나 건

진 같은 사람들은 주변에 흔할 정도다. 국정에 개입하느냐 아니냐의 차이만 있을 뿐…

정치인 스스로 항상심을 잃지 않아야 한다. 그리고 변화의 흐름을 놓쳐서는 안 된다. 자기 자신이 그렇게 하기 어렵다면, 그러한 능력이 있는 참모를 얻으면 된다. 아무리 지혜로운 참모라도, 항상심을 가지는 것이 가장 어렵다. 리더와 참모는 항상 긴장관계에 있기 때문이다. 주변의 이간질에서 자유롭지 못하고, 아무리 뛰어난 참모도 두 번 이상 리더의 뜻을 꺾기는 어렵기 때문이다.

049

관료의 덫에
빠지지 마라

챗GPT에 따르면, '관료'는 조직 내에서 일을 수행하고 결정을 내리는 공무원이나 관리자를 가리키는 용어라고 한다. 보통 정부, 기업, 비영리 단체 등 조직 내에서 업무를 수행하며 직급이 높은 사람들을 지칭하는데, 이들은 조직 구성원들의 일과 결정을 지휘하고 조질하는 역할을 한다. 일반적으로 취업의 안정성과 높은 보수를 보장받기 때문에 특정한 지식과 기술을 갖추고 있어야 하며, 이를 바탕으로 조직의 업무를 효율적으로 수행한다고 한다.

관료는 중요한 의사결정에 필요한 보고서를 만드는 사람들이다. 입법, 사법, 행정부에만 관료가 있는 것이 아니라 각

정당의 당 관료들도 있다. 그들은 적어도 하나의 사안에 대해 두 개 이상의 답안을 가지고 있다. 어떤 경우는 하나의 문제에 대해 정반대되는 답안도 가지고 있다. 어떤 일을 해야 할 이유가 10개라면 하지 말아야 할 이유도 10개는 되기 때문에, 그것을 선택적으로 편집할 권한이 관료들에게 주어진다는 뜻이다.

보고서의 품질은 정보량과 비례한다. 한 명의 정치인이 보좌진들과 함께 어떠한 결론이나 해법에 도달할 때, 관료들은 그보다 몇 배가 많은 정보와 지식을 가지고 그 결론의 문제점을 파악하고 자신의 해법을 제시한다. 물론 그 해법은 몇 가지 답안 중에 하나일 뿐이다. 만약 어떤 힘 있는 정치인이 자신이 원하는 답에 맞춰 달라면 맞춤형으로 답안을 제시해 줄 수 있기도 한다. 그러다 보니 정치인들이 관료의 덫에 갇혀 있는 경우도 있다.

행정부 공무원의 보고서 초안을 만드는 것은 그 밑에 있는 산하기관들이고, 자기 조직의 이해관계를 반영하여 만든다. 행정부에서는 부서별로 이러한 초안들을 취합하여 자기 부서의 이해관계에 맞게 조정하고, 최종 단계에서 행정부의 기획조정실에서 정무적 판단을 가미하여 자기 부처의 이해관계에 부합하게 조정한다. 다시 말하면 관료조직들은 자신들 조직의 이익을 최대한 반영하고, 불리한 것들은 도려내고 보고서

를 만드는 것이다. 그러다 보니 정치인들은 편집된 보고서만 본
다. 선출직 정치인들은 대부분 제너럴리스트들이기 때문에, 아
니 스페셜리스트(전문가) 출신이라고 하더라도 모든 주제에 대
해 알 수 없기 때문에 결국은 제너럴리스트의 한계를 가질 수
밖에 없다.

윤석열 정부에서 재외동포청을 대선공약으로 내세웠고,
실제 만들었다. 한동훈 법무부장관은 이민청을 만든다고 한
다. 둘 다 피크$_{peak}$ 코리아의 위기 중 하나인 인구절벽의 상황
을 해결하기 위한 방법을 모색하자는 것인데, 외교부는 산하
기관인 재외동포재단을 확대개편한 재외동포청을 만들자고
하고 법무부는 출입국외국인정책본부를 확대개편한 이민청
을 만들겠다고 하는 것이다. 그 속에는 외교부와 법무부의 부
처 이기주의가 깔려 있는데, 이는 정책결정자들이 관료의 덫에
걸려 있기 때문에 본질을 보지 못하는 것이다. 재외동포나 일
반 외국인(재외동포가 아닌)이나 결국은 외국인인데, 재외동포
라고 너 많은 혜택을 준다면, 장기적으로는 이민정책이 왜곡될
수 있다. 법무부는 불법체류자를 단속하던 외국인에 대한 규
제 중심 마인드를 벗어나지 못하고 있다.

지금 인구 부족의 문제는 거의 모든 선진국들이 겪고 있는
문제다. 좋은 인재를 확보하기 위해 경쟁하는 시대로 진입했
다. 이민정책이 동포의 영역을 뛰어넘어 글로벌하게 확장되어

야 하는 시대가 왔다. 관료의 덫을 깰 수 있는 유능한 리더십이
필요하다.

050

어젠다 세팅을
주도하라

패러다임 전환은 토마스 쿤이 제시한 과학사의 개념 중 하나로, 이전의 과학적 패러다임이 새로운 패러다임으로 대체되는 과정을 말한다. 이 과정은 일반적으로 다음과 같은 단계를 거친다. 정상과학Normal Science의 상황에서 정상과학으로 충분히 설명하지 못하는 비정싱싱Anomaly이 발생하고, 이러한 비정상성이 충분히 쌓이면 과학적 위기Crisis에 놓이게 되며, 이때 이러한 위기를 극복하기 위해 새로운 패러다임이 나온다는 것이다. 새로운 패러다임으로의 전환이 이루어지고, 뉴 노멀이 새로운 패러다임으로 자리 잡게 된다는 것이다.

자연과학에서는 코페르니쿠스의 혁명이나, 다윈의 진화

론, 뉴턴의 만유인력, 아인슈타인의 상대성 이론, 양자역학 등등 패러다임 전환에 많은 도전과 시간이 걸린다.

빠른 속도로 4차 산업 혁명이 진행되고, 기후변화도 심각해졌으며, 저출생·고령화, 인구절벽이라는 새로운 변화에 놓여 있다. 70여 년간 국제 사회의 절대 강자였던 미국은 중국의 거센 도전을 받고 있고, 달러화의 지위도 약화되고 있다. 북한의 핵문제와 같은 전통적인 위협은 그대로인데, 한반도를 둘러싸고 미국과 중국은 협력보다는 대결로 가고 있다.

사회과학 영역에서 뉴 노멀의 출현 주기는 갈수록 짧아진다. 특히 정치 영역에서 많은 정치인들은 정상 상황보다는 비정상 상황에 관심을 가진다. 용기 있고 능력 있는 정치 리더라면 뉴 노멀로 어젠다 세팅을 하고 패러다임 전환에 도전해야 한다. 동등한 지위에서는 어젠다 세팅을 하는 사람이 리더다.

051

좋은 경쟁자를
만들어라

성공을 하고 싶다면 좋은 경쟁자가 있어야 하고, 만약 없다면 만들어야 한다. 펩시가 1위 코카콜라를 경쟁자로 만들면서 다른 군소 콜라 브랜드들은 다 사라지고 말았다. 펩시와 코카콜라 전쟁의 승자는 결국 코카콜라와 펩시 둘만 남게 되었다. 국내 가전시장에도 많은 군소업체들이 도전하고 있지만 엘지전자와 삼성전자 양강체제를 깨기는 어려워 보인다.

정치도 다르지 않다. 『삼국지』의 사마의와 제갈량처럼 40대 기수론을 들고나온 김영삼과 김대중은 서로 경쟁하면서 각각 영호남 민주화운동 세력의 지지를 받으며 양대 산맥으로 우뚝 설 수 있었다. 우리나라에서 다당제 실험이 실패하는 이유도 비슷하다. 더불어민주당과 국민의힘이 강하게 경쟁할수록 제3당의 입지는 좁아진다.

같은 당이든 다른 정당이든 자신의 카운터 파트너가 될 경쟁자를 만들어야 한다. 언론(또는 국민)의 주목을 받고 싶은 정치인들은 보통 가장 높은 존재나 살아 있는 권력과의 전선을 형성하길 원한다. 정당마다 문화적 차이가 있지만, 더불어민주당의 경우 내부에서 당대표를 공격하고 흔드는 경우가 어제오늘의 일이 아니다. 언론의 주목을 받지만 정치적으로 성공하는 경우는 많지 않다.

정치는 혼자 크지 못한다. 국민적 관심을 끌 나이와 체급이 맞는 좋은 경쟁자를 찾아야 한다. 그런데 자기의 체급에 맞는 경쟁자를 찾는 일은 생각보다 쉽지 않다. 김영삼, 김대중 전 대통령처럼 서로를 키워 주는 좋은 경쟁자가 있다는 것은 행운일 수도 있다.

052

왕관의 무게를
견뎌라

국내 드라마 《상속자들》 부제를 통해 소개되었던 "왕관을 쓰려는 자, 그 무게를 견뎌야 한다One who wants to wear the crown bears the crown"는 말은 세익스피어의 희극 「헨리 4세」에 나오는 "왕관을 쓰고 머리를 누이는 것은 쉽지 않다Uneasy lies the head that wears a crown"는 말이 원래의 출처라고 한다.

권력이란 편한 것이 아니다. 중국에 망자성룡望子成龍이라는 말이 있다. 누구나 자기 자식이 큰 인물이 되기를 바란다는 뜻이다. 중국 전국시대에 왕관의 무게가 얼마나 무거운 것인지 잘 보여 주는 유명한 일화가 있다(『한비자』와 『사기』에 나옴). 전국시대 중반 조나라는 진나라에게 공격을 받아 국토를 잃었다. 이를 만회하기 위해 조나라는 제나라에 구원을 요청했는데, 제나라는 왕자 장안군을 볼모로 보내면 병력을 내주겠다고 했다. 신하들은 왕자를 볼모로 보내는 대가로 병력을 지원받자고 강하게 건의했지만 나이든 태후(왕의 어머니)는 결사반대하며, 볼모란 얘기를 꺼내는 사람은 지위고하를 막론하고 죽인다. 이에 태후와 비슷한 연배의 촉룡觸龍이란 신하는 태후가 장안군을 끔찍하게 아껴 많은 재물과 높은 지위를 주었다는 사실을 알고 이렇게 말했다. "왕족이 화를 당하는 이유는 자리가 높은데 공이 없고, 노력하지 않고 그저 가진 것만 많기 때문입니다. 지금 태후께서는 장안군의 자리를 높여 주고, 기름진 땅을 봉해 주고, 귀중한 물건을 많이 주셨습니다. 그러나 지금 나라에 공을 세울 수 있게 하지 않는다면 태후께서 계시지 않을 때 장안군이 조나라에서 어떻게 자신을 보전할 수 있겠습니까?"라고 말하며 설득했다. 진시황의 아버지도 볼모로 갔다온 경험이 있다. 왕족이라고 해서 누리기만 하는 것이 아니라 국가를 위해 자기 목숨을 내어 줄 준비가 되어 있어야 한다. 이것이 왕관의 무게다.

　개인적인 비리나 비위의 문제도 있지만, 설령 직접적인 책임이 없더라도 벼슬이 높아진다는 것은 언제나 항상 자기 목숨을 내놓을 준비가 되어 있어야 한다. 당나라 때 양귀비도 개인적인 비리 때문에 죽은 것이 아니다. 민심이 원하는 스케이프 고트Scape goat(희생양)가 되었기 때문이다.

민심은 흉흉한데, 윤석열 정부에서 대통령 부부는 대통령 놀이를 하고, 총리는 총리 놀이를 하고, 도지사는 도지사 놀이를 하고, 장관은 장관 놀이를 하는 것처럼 보인다. 자기가 쓰고 있는 '관'을 무겁게 받아들이는 사람이 보이지 않는다.

III. 싸움에서 이기려면

강한 것이 살아남는 것이 아니라
살아남는 것이 강한 것이다

영화《황산벌》의 명대사다. 도킨스_{Clinton Richard Dawkins}의 '이기적인 유전자'나 찰스 다윈의 '적자생존'도 결국 같은 말을 하고 싶었던 것 아닐까 싶다. 『이기적인 유전자』에서 말하듯 열성 유전자인 알비노가 지금까지 살아남은 이유를 보면 이해가 된다.

보통 동물에서는 색소를 가진 피부와 눈이 자연선택에 유리한 이유가 있다. 색소는 자외선으로부터 피부를 보호하고, 눈은 시야를 개선해 적극적인 사냥이나 생존활동에 도움을 주기 때문이다. 그럼에도 불구하고 알비노 유전자가 살아남을 수 있는 이유는, 이 유전자가 유전적 다양성을 제공하고, 일부

조건에서는 생존에 유리할 수 있기 때문이다. 예를 들어, 특정한 환경에서는 하얀 피부와 눈이 동물의 몸을 잘 감추어 주기 때문에 생존에 도움이 될 수 있다. 또한, 알비노 유전자를 지닌 부모는 유전적 다양성을 높일 수 있기 때문에, 이들의 자손들이 다양한 환경에서 적응력을 높일 수 있다. 이러한 이유로 알비노 유전자는 자연선택에 의해 살아남을 수 있었다는 것이다. 좀 더 쉽게 말하면 알비노 유전자에 성적 매력을 느끼는 다른 유전자를 가진 사람들이 있기 때문에 지금까지 멸종하지 않고 번식이 된다는 것이다.

반면 한 세대를 풍미했던 공룡이나 검치호랑이 같은 강력한 존재들은 환경에 적응하지 못함으로써 멸종의 길을 걸었다. 갈라파고스의 새들의 경우 '적자생존의 법칙'을 관찰하기 쉬운 대상이었을 것이다. 보통 환경에 적응하기 위해 유전자에 돌연변이가 생기면 3대 정도의 번식 시간을 거치면 새로운 형질로 고착화된다고 한다. 인간은 50년 이상의 시간이 걸리지만 새들이나 벌레들은 짧은 시간에 세대 간 번식이 가능하기 때문에 '적자생존' 케이스에 대한 관찰이 가능했다고 한다.

조직에서도 똑똑하거나, 능력이 뛰어나다거나, 다른 사람의 인정을 받는 월등한 사람이 있을 수 있지만 항상 그런 사람들이 살아남는 것은 아니다. IMF 직후 김대중 대통령 시절, 벤

처기업 붐이 불었을 때 삼성전자에서 뛰어난 사람들이 창업 전선에 뛰어들었는데, 살아남은 사람은 거의 없었다고 한다. 보호색으로 자기를 가릴 수가 없는 눈에 띄는 자리, 업무성격상 책임져야 하는 자리에 있다 보면 오래가기 힘들다. 노자의 '부쟁선不爭先'의 이치가 이런 뜻인지는 모르겠지만, 강하거나 남들보다 뛰어난 것만이 최선은 아니다. 환경에 적응해서 살아남은 사람이 뛰어난 것 아닐까.

혈기가 왕성한 젊은 시절에는 짧고 굵게 가더라도 자신의 뜻을 펼칠 수 있는 삶을 원했는데, 나이가 들어 가면서 오래 살아남는 자들이 진짜 강한 사람들이라는 생각이 든다.

조선 초기 신숙주에 대한 평판은 충신과 간신을 오갈 정도로 극단적이다. 한승수 전 총리, 김종인, 윤여준같이 여야를 넘나들은 경우도 적지 않다. 철학의 빈곤이나 소신의 부재는 언급할 수 있겠지만, 개인적으로 반인륜적인 행위가 아닌 이상 정치적 판단에 책임을 묻는 것은 어렵다고 생각한다. 물론 그 판단에는 역사적 평가가 뒤따를 것이기 때문에, 그들에 대한 평가는 신숙주처럼 역사가나 뒷사람들의 몫이다. 역사상 많은 전쟁이 있었고 많은 사람이 전쟁과 무관하게 죽어 갔다. 지금도 세계 곳곳에서는 전쟁이 치러지고 있다. 러시아와 우크라이나 전쟁을 둘러싸고 러시아를 지지하는 쪽과 우크라이나를 지지하는 쪽이 공존한다. 누가 옳고 그른가는 세계관과 철학의 문제거나 가치와 해석의 영역이다. 유전적인 동질성 때문에 근친결혼이 멸종할 수밖에 없다면 유전적 다양성을 통해 종을 보전하고 끊임없이 진화하는 것을 배워야 하지 않을까.

054

에토스, 파토스, 로고스 중
그중의 제일은 에토스다

고대 그리스의 철학자 아리스토텔레스는 설득하는 방법을 에토스, 파토스, 로고스 세 가지로 구분하고 있다. 쉽게 정리하면 에토스는 인성, 파토스는 감성, 로고스는 이성의 영역이라고 볼 수 있다. 이성에 호소하는 논리적 설득이 로고스라면 감성에 호소하는 정서적 공감이 파토스, 그리고 말하는 사람 자신의 진정성이 에토스라고 재해석하고 싶다.

　이 세 가지 요소가 다 중요하지만 로고스는 말과 글로 표현될 수 있고, 파토스는 그것을 전달하는 태도에서 표현될 수 있지만 에토스는 말과 글이나 태도로 표현되지 않는다. 에토스는 그 사람의 삶의 궤적과 함께하기 때문이다. 살면서 축적된 그동안의 언행을 통해 우리는 그 사람이 진실한 사람인지, 신뢰할 수 있는 사람인지, 믿을 수 없는 사람인지 알 수 있다. 아무리 훌륭한 언변이 있다 해도 에토스를 신뢰받지 못하면 설득에 실패한다.

메시지를 공격할 수 없으면 메신저를 공격하라는 말도 이러한 의미에서 일맥상통한다. 언행에 일관성이 없거나 잘못된 논거를 제시했던 경험이 있는 사람은 아무리 좋은 말을 하고 정확한 정보를 제공한다 해도 '카산드라의 저주(예언의 능력과 함께 예언을 신뢰받지 못하는 저주)'를 벗어나지 못하게 된다.

소셜미디어가 발달한 SNS의 시대에 많은 인플루언서들이 남겼던 영상과 글들이 나중에 다시 부메랑이 되어 자기에게로 돌아오는 경우가 많아졌다. 이런 사람들은 에토스의 신뢰를 잃어버렸기 때문에 대중 선동가로서 활용되어질 뿐 정치인으로 성공하기 어렵다.

055

코끼리는 냉장고에 가둘 수 없지만
프레임에 가둘 수는 있다

현대 정치 캠페인(선거)을 이야기하려면 『신군주론』을 쓴 클린턴 전 대통령의 브레인 딕 모리스, 조지 부시의 칼 로브, 그리고 『프레임 전쟁』과 『코끼리는 생각하지 마』의 저자 조지 레이코프를 빼놓을 수 없다.

코끼리를 생각하지 말라고 하면 우리는 자신도 모르게 코끼리를 떠올리게 된다. 레이코프는 진보 진영 인물로 뇌과학 영역을 정치와 선거에 도입한 인물이다. 프레임이란 인간의 심리적 오류를 이용한 것으로 거대한 착각이나 오류 또는 거짓일 수도 있지만, 너무 크기 때문에 참·거짓을 알려고 하기보다는 프레임을 통해 진실을 보려고 한다.

보수와 진보를 넘나들었던 딕 모리스는 첨단 광고 기법을 선거에 적용한 인물이다. 선거는 과학이다. 전통적인 강자 코카콜라와 신흥 도전자인 펩시의 광고 전쟁은 선거 못지않게 치열한 두뇌게임 영역이다. 재미있는 것은 이 전쟁을 통해 코카콜라는 1위의 지위를 다시 입증했고, 펩시는 압도적인 2위 자리를 차지하면서 전 세계 콜라 시장은 코카콜라와 펩시 둘만 남게 되었다는 것이다. 한국, 미국, 영국 등 양당 정치가 발전한 나라도 코카콜라와 펩시의 전쟁과 비슷한 경로를 거쳤다고 볼 수 있다.

반면 칼 로브는 전통적인 네거티브 전략 전문가인데, 단순한 네거티브를 넘어 타기팅을 명확히 해서 공략했다는 것이 그의 성공 전략이다. 예를 들어, 낙태를 이슈로 하면 기독교인들이 공화당 투표에 참여하게 된다. 투표 참여율이 높지 않은 미국에서 특정 이슈에 예민한 계층을 투표장으로 오게 하는 칼 로브의 전략은 레이코프, 딕 모리스와 함께 아직까지 유효한 선거전략임을 부정할 수 없을 것이다.

056

연횡이 합종보다
유리한 이유

우리는 합종연횡合從連橫이라는 말을 대등한 위치에 놓고 말을 하지만 역사적 경험을 통해 볼 때, 약자들의 합종보다 강자와 의 연횡이 이긴 경우가 많다. 합종연횡은 원래 중국 전국시대 때 귀곡사의 제자로 알려진 소진과 장의의 전략으로 유명하다. 소진은 약소국가들 간의 합종을 통해 강대국 진나라를 막자 는 제안을 했고, 반대로 장의는 강대국 진나라를 중심으로 약 소국들과 전략적 제휴를 맺어 진나라가 다른 나라를 공격할 때는 지원을 받고, 진나라가 공격을 받을 때도 도움을 받는 안 보체계를 구축하자는 것이다.

결론적으로 소진의 합종과 장의의 연횡에서 최종 승자는

연횡론자인 장의이다. 그것이 소진과 장의 중 누가 더 뛰어났는지 판단할 근거는 못 된다. 장의는 연횡을 설파할 때, 한 홰에 여러 마리 닭이 앉으면 그 홰가 부러진다고 합종의 한계를 지적했다. (계란을 한 바구니에 담지 말라는 현대 주식 격언과 비슷한 이유에서 나온 말로 보인다.)

작은 나라(세력)끼리 연합할 경우, 예상했던 시너지 효과는 기대하기 어렵다. 각각 자기의 이해관계가 있고, 그중 일부는 상충하기 때문에, 누군가 그 내부모순을 이용하여 반간계를 사용할 경우 쉽게 무너지기도 한다. 뛰어난 문화와 과학기술을 가지고 있던 그리스가 그보다 못한 로마에 진 이유도 비슷하다. 조그마한 도시국가 연합이었던 그리스가 단일 국가인 로마를 이길 수 없었다. 현대 국제정치에서 구소련 붕괴 이후 국제질서를 미국 중심의 연횡전략으로 재편한 미국의 영향력이 가장 큰 것이 현실이지만, G2로 부상한 중국도 작은 나라들이 연합하거나 연대하여 힘의 균형을 이루려고 하고 있다.

우리나라 선거 때만 되면 나오는 단어가 합종연횡이다. 대선주자급의 중력이 큰 정치인들을 중심으로 합종연횡을 하고 있는데, 결국 민심의 지지를 받아 중력이 큰 쪽으로 모인다. 1등과 2등이 치열하게 싸우면 그 피해는 3등에게 간다. 예전의 '안철수 신드롬'이란 말이 있을 정도의 인물이 아니라면 3등의 자리는 갈수록 좁아지는 것이 현실이다.(너무 비관적인 말처럼 들릴지라도) 많은 국민들이 원하는 제3당이란 결국은 합종이나 연횡의 대상이 될 뿐이다.

057

사람은 자기 장점 때문에
죽는다

많은 사람들이 자신의 장점을 뽐내려고 애를 쓰며 산다. 멋진 사슴뿔을 자랑하다 그 아름답던 사슴뿔 때문에 나무에 걸려 죽었다는 『이솝 우화』의 교훈은 책 속의 이야기 정도로 치부한다.

　운전을 해 본 사람은 알듯이 초보 때는 사고가 잘 안 나고 나도 큰 사고는 별로 없다. 긴장하고 조심하기 때문이다. 이렇듯 사람들은 자신의 단점에 대해서는 항상 긴장하고 조심하기 때문에 단점으로 인해 문제가 발생하는 경우나 본인이 피해를 입는 경우는 별로 없다. 오히려 장점 때문에 위험해지는 경우가 많다. 명문대 나왔다고 잘난 척하는 사람은 잘난 척하다 망신당하고, 깨끗함을 자랑하는 사람은 그 깨끗함에 오물 한 방울만 튀어도 죽고, 아름다움을 자랑하는 사람은 그 아름다움에 주름 한 줄만 생겨도 버림받는다고 생각한다.

대중들의 관심을 받는 정치인들의 경우 장점 때문에 위험해진 경우가 많다. 도덕성을 믿던 사람들은 자신의 도덕성에서 무너지고, 말을 잘하는 사람은 그 말에 의해 위험해지고, 글을 잘 쓰는 사람은 그 글에 의해 위험해진다. 장점을 약점처럼 생각하고 항상 경계하고 준비하는 자세가 필요하다.

058

문에 들어설 때,
출구를 생각하라

어떤 일이 주어졌을 때, 이것을 할 것인가 말 것인가 고민하게
된다. 또 하게 되면 어떻게 할 것인가, 누구와 할 것인가 등등
많은 연구가 필요하다. 그것을 입구전략이라고 할 수 있다. 그
런데 어떤 일을 결정할 때, 입구보다 중요한 것은 출구라고 생
각한다. 출구가 없으면 다른 목적이 있지 않는 한 시작해서는
안 된다. 내가 왜 이것을 해야 하는지가 중요한 것이 아니라 이
것을 통해 어떠한 결과를 얻을 수 있는지에 대한 예측을 하고
준비해야 한다.

교토삼굴狡兔三窟이란 말이 있다. 한자의 삼은 단순히 숫자
3을 말하는 것이 아니라 많다는 의미다. 따라서 '영리한 토끼

는 굴을 많이 파둔다'는 게 정확한 해석일 것이다. 영리한 토끼처럼 리스크에 대한 포트폴리오도 출구전략에서는 중요하다.

  박홍근 원내대표의 김건희특검, 이상민 행전안전부장관 탄핵소추안 등등은 국회 법사위원장 자리를 국민의힘에 준 이상, 결론은 자명하다. 플랜 B도 안 보이는 게 더 안타까울 뿐이다. 출구전략 없이 뛰어든 것은 아닌지… 180석에 가까운 절대과반을 가진 정당이 국회 법사위원장 자리 하나 때문에 무력화되는 것을 보면 더불어민주당에 왜 혁신이 필요한지를 보여주는 대목이기도 하다. 장외투쟁을 하더라도 얻는 게 있었는데, 요즘은 담벼락에 침이라도 뱉는 심정으로 하는 것 같은 느낌이 든다.

059

원칙을 바꾸는 것이
아니라 방법을 바꿔라

윤석열 정부의 강제징용 해법이 역풍을 맞고 있다. 과거 때문에 미래가 발목을 잡혀서는 안 된다. 그런데 일본과의 과거사 문제는 단순히 지나간 일이 아니라 과거 사실의 강제성과 불법성에 관한 책임의 문제이다. 대법원도 이 부분에 대한 피해자 개인의 청구권에 손을 들어 준 것이다.

윤석열 정부가 역풍을 맞는 이유는 원칙을 버렸기 때문이다. 과거사에 대한 사과나 배상과 보상은 원인행위에 대한 결과일 뿐이다. 일본이 한반도 불법 점유의 상징 중 하나인 독도를 자기네 땅이라고 우기는 한 과거사 문제는 해결될 수 없다. 우리 영토에 대한, 특히 독도에 대한 불법 점유 자체를 인정하지 않는다면 과거사 문제는 해결되지 않는다. 영토의 문제는 원칙의 문제이기 때문에 양보해서도 안 된다. 위안부나 강제징용 등 우리 국민의 인권에 관한 문제를 정부가 포기한다는 것은 명백한 배임이며, 대법원 판결을 무시하는 삼권분립 원칙 위반이다.

원칙을 버려서는 안 된다. 원칙을 지키면서 미래로 나아간 케이스가 바로 김대중 전 대통령과 오부치의 선언이다. 과거사 영역을 과거사대로 두고, 현재와 미래를 위해 같이 해결할 문제가 있으면 같이 해결하면 된다. 과거사에 대한 우리나라의 청구권은 일본이 독도를 포기할 때까지 지속되어야 할 문제다. 또한 일본은 우리나라의 또 다른 청구권자인 북한과는 아직 협상도 시작 안 했다는 점을 잊어서는 안 된다. 궁극적으로는 남과 북이 같이 해결해야 할 문제이기 때문에, 우리 먼저 청구권을 포기하는 것은 바보짓이다. 훗날 북한과 일본과의 청구권 협상이 시작되면 우리는 닭 쫓던 개 신세가 될 것이다.

060

막히면
변해야 통한다

어려운 일에 봉착하면 '궁즉통窮則變'이란 말을 많이 한다. 막다
른 길에 다다르면 통하는 길이 있다는 뜻인데, 『주역』 원문에
는 중간에 한 단계를 추가하고 있다. 막히면 바로 통하는 것이
아니라, 막히면 변화를 도모하고, 변화를 도모하면 길이 열리
고, 그 길이 열리면 오래간다窮則變 變則通 通則久는 것이다.

　변화를 도모할 때는 원칙은 바꾸지 않고 방법을 바꾸는
것이 현명하다. 가장 대표적인 방법이 언어 프레임을 바꾸는
것이다. '온난화'란 말이 '기후변화'란 말로 대체되었다는 것을
인지하는 사람이 얼마나 될지 궁금하다. '코로나 19'도 '우한 바
이러스'라는 정치적 용어에서 중립적인 언어로 바뀌었다. 타이

완臺灣도 미중 수교 이후 자유중국에서 바꾼 명칭이다. 최근 미국을 비롯한 서방이 '디커플링decoupling(탈동조화)'이 아닌 '디리스킹de-risking(위험 제거)'으로 중국과의 관계를 재설정했다. 세계 공급망에서 중국의 역할을 무시할 수 없기 때문에, 중국과 완전한 결별을 의미하는 디커플링 대신, '중국 리스크'를 관리하겠다는 말로 톤 다운시킨 것이다. 이렇듯 국제정치나 국내정치에서 언어의 프레임을 바꾼 사례가 매우 많다. 외교 협상 테이블에는 국익이 상충하기 때문에 막히는 경우가 비일비재하다. 이럴 때 바꾸어야 한다. 언어 프레임을 바꾸든, 협상 테이블의 논의 프레임을 바꾸든…

국내 정치에서도 최근 양곡관리법과 간호사법 등이 여야 충돌을 하고 있다. 정책의 대상인 농민과 간호사도 우리 국민이다. 그런데 문제는 다른 가치나 이익단체의 이익과 충돌하기 때문에 협상과 조율이 필요한 것이다. 간호사법은 의사 중심인 우리나라 의료서비스 전달체계의 문제이다. 부족한 의사 수를 유지하면서 과섬 이익을 누리려는 의사들의 기득권과 의사, 간호사, 간호조무사처럼 서열화되어 있는 낡은 시스템의 문제이다. 낡은 시스템과 이를 대체할 새로운 시스템이 경쟁할 경우, 시간의 문제일 뿐 결국은 새로운 시스템이 이긴다.

양곡관리법의 경우, 반대의 상황이다. 누가 이기냐의 문제가 아니다. 새로운 시스템으로 전환할 중장기 목표를 설정하되, 한시적으로 현재의 위기에 대한 대응조치는 필요하다. 국민의힘처럼 원칙을 지나치게 고집하다 실기하면 안 된다. 방법을 바꿔야 한다. 조삼모사가 되더라도, 당뇨병이 있는 사람에게는 당을 에너지로 적게 사용하는 저녁보다는 하루를 시작하는 아침에 4개 주는 게 답일 수도 있기 때문이다.

상대를 가벼이 보지 마라

노자 『도덕경』 제69장에 경적필패輕敵必敗라는 말이 나온다. "적을 가벼이 여기는 것보다 더 큰 재앙이 없다. 적을 가벼이 여기는 것은 내 보배를 잃게 되는 일이다. 그러므로 거병하여 서로 싸울 때는 절박한 자가 이긴다"는 말에서 나온 사자성어다.

적을 가벼이 여기면 필패한다(경적필패輕敵必敗). 옛날 재래식 무기를 들고 싸우던 전쟁에서도 압도적인 우위에도 불구하고 경적필패했던 사례는 매우 많다. 선거라는 현대 정치에서도 이와 유사한 예가 많다. 인지도가 낮은 신인이라고 우습게 알다가 코를 다친 경우도 꽤 많다. 필요에 따라 1인 2표를 하는 정당 내 경선에서는 강한 후보들끼리 배제투표를 하다가 3등이 당선되는 경우도 있었다.

그래서 절실한 사람이 이기는 것이다(애병필승哀兵必勝). 애병필승哀兵必勝의 애병哀兵을 우리나라에서는 보통 슬퍼하는 군대라고 해석하고 있지만, 문맥상 절박하고 절실한 쪽을 말하는 것이 맞다고 생각한다. 바둑에 "부자 몸조심한다"는 말이 있다. 이기고 있던 바둑도 조금씩 양보하면 어느 순간 형세가 뒤집어져서 지는 경우가 있다. 두 사람의 실력이 비슷할 때는 절실한 사람이 이긴다. 두 조직 간의 경쟁도 마찬가지다.

현명한 리더는
이겨 놓고 싸운다

전쟁에서 이기는 법을 다루고 있는 『손자병법』에서 손무가 추구하던 최고의 가치는 역설적으로 싸우지 않는 것이다. 즉, 싸우지 않고 이기는 법不戰而勝을 말하고 있다. 싸우지 않고 이기려면, 먼저 이겨 놓고 싸워야 한다. 먼저 이겨 놓고 싸우려면, 묘산廟算에서 이겨야 한다. 묘산이란 요즘의 표현이라면 NSC(국가안보위원회) 수준의 안보 관련 최고 의사결정 기구를 통한 예측이라고 할 수 있다.

지피지기(주로 적의 최고지도자, 적의 장수, 적의 민심, 적의 경제력 및 보급수준 등등에 대한 평가와 우리 측 상황과의 비교 평가), 천시와 지리까지 보고 판단한다. 이성계가 위화도에서 회군을 한 것이나 이순신 장군이 선조의 명을 어기고 일본과의 직접 전투를 회피한 것도 이러한 묘산의 결과라고 할 수 있다. 아쉬운 것은 이러한 판단을 국가 최고의사결정기구가 아닌 전장의 장수가 하게 되었다는 것이지만…

　유능한 장수는 전쟁에 나서기 전에 충분한 분석과 계획을 수립하고 준비하며, 전장터에서 벌어지는 돌발상황에 대한 컨티전시플랜 등 플랜B는 가지고 있어야 한다. 영민한 지도자와 현명한 장수와 만난다면 백번 싸워 백번 다 이기는 것은 어렵지만 백번 싸워 백번 다 위태롭지 않게 하는 백전불태百戰不殆는 가능하다.

063

정으로 싸우고
기로 이겨라

『손자병법』「병세편」에 나오는 말이다. 바둑에서는 정수와 꼼수라는 것이 있다. 꼼수는 하수에게만 통하지 상수에게는 통하지 않는다. 그래서 꼼수인 것이다. 병법에서 기奇라는 것은 변화를 의미한다. 중국 전쟁 영화나 드라마에 아주 많이 나오는 병불염사兵不厭詐란 말이 있다. 전쟁에 있어서는 적을 속이기 위한 거짓은 전혀 부끄러운 일이 아니라는 뜻이다. 『삼국지』에서 주유가 친구를 역으로 이용한 고육계가 대표적인 예일 것이다.

또한 『손자병법』에 출기불의出其不意란 말이 있다. 상대의 허를 찔러 공격하라는 말로, "그들이 방비하지 않은 곳을 공격하고 그들이 생각하지 못한 곳으로 출격하라攻其無備 出其不意"는 말이 있다. 그 대표적인 사례가 『초한지』의 한신이 항우와의 싸움에서 대반전을 만드는 계기가 되는 암도진창暗渡陳倉과 알프스를 넘어 로마로 들어가는 한니발의 사례가 있다. 이 또한 궁즉변의 진리와도 연결되어 있다.

정치나 사업이나 기본이 전쟁과 전투다. 정보통신이 고도로 발달한 21세기에 하수에게나 통하는 꼼수를 쓰라는 뜻이 아니라 막힐 때 변화를 도모하여 승리를 쟁취할 수 있는 리더들과 전문가들이 잘 써야 한다는 것이다. 정치 영역에서는 여전히 속임수와 편법을 사용한다. 너무 정직하게 움직이면 상대가 나를 예측하고 대응한다. 상대를 속이려면 우리 편부터 속여야 한다. 영리하고 경험 많은 정치인은 자신의 목적과 의도를 감추고 사냥감을 노리지만, 그것을 간파해 내고 역으로 이용하는 것 또한 우리 편의 능력이자 역량이다.

064

나아갈 때를 알아야 하는 것처럼
물러설 때도 알아야 한다

'물 들어 올 때 노 젓는다'는 말이 있다. 물이 없을 때 노를 젓는 다고 배는 나아가지 못한다. 사회주의 혁명이론에서도 들물과 날물과 같은 간조기와 만조기가 있다고 했던 것처럼 리더들은 때를 볼 줄 알아야 한다. 나아갈 때와 물러설 때를 아는 것은 지혜이며, 그것을 판단하고 결정하는 것이 리더십이다.

우리 또래의 한국 사람들은 어려서부터 항상 경쟁자들을 이겨야 하고 심지어 자기 자신까지 이기라는 극기克己 정신이 몸에 배어 있다. 중국에서 태극권을 배울 때, 가장 어려웠던 것 이 몸에 힘을 빼는 일(방송 放鬆)이었다. 잠재적인 경쟁자와의 싸 움을 위해 항상 신경과 근육이 긴장되어 있었던 것 같다. 그때

처음으로 힘을 빼야 근육이 유연해지고 속도가 빨라지며 더 강한 힘이 나온다는 것을 깨달았다. 모든 운동, 모든 악기가 다 힘을 빼야 하는 것도 같은 이유이다. 우리는 쉬는 데 인색했고, 힘을 빼는 데 어색했던 것 같다. 69시간 노동시간을 주장하는 세대들이 바로 이런 구(?)세대들이다.

이안류라는 파도가 있는데, 여기에 걸리면 탈출하려고 하지 말고 제자리에서 머물러 있는 것이 가장 안전하다고 한다. 수렁에 빠졌을 때도 움직이면 더 빨리 들어간다는 말이 있다. 어려운 상황에 처했을 때는 체력을 비축하면서 기회를 도모하는 것이 지혜로운 선택이다.

넘어졌을 때 쉬어 가라는 말이 있다. 때가 아니면 쉬어 가는 것도 지혜다. 넘어졌다는 것은 몸의 균형에 문제가 발생했다는 것이다. 걸려 넘어졌을 수도 있고, 힘에 부쳐 넘어졌을 수도 있고, 미끄러졌을 수도 있다. 이유는 다양하지만 훌훌 털고 바로 다시 일어나서 걷거나 뛸 수도 있지만, 오래 갈 생각이라면 좀 쉬었다 가는 여유와 스스로를 돌아다볼 시간을 가질 필요가 있다. 다시는 못 일어날 것 같은 좌절을 맛봤을 때 그때 가장 위로가 되어 준 말이기도 했다. 내가 뛸 수 있는 레이스가 아니면 경기장 밖에서 쉬어 가는 것이 다음을 위한 최선의 선택이 될 수도 있다.

이길 수 있는 싸움을 지면 바보지만, 이길 수 없는 싸움을 이기려고 하는 것 또한 어리석은 리더다. 이길 수 없으면 피하거나 숨어서 역량을 키워야 한다. 『손자병법』에서 말하듯이 훌륭한 리더는 이겨 놓고 싸운다. 싸우면서 이기면 그다음 정도의 리더라 볼 수 있다. 싸우면서 이길 경우, 피로스의 승리처럼 이기긴 했지만 결국은 아무것도 얻은 것이 없는 싸움이 될 수 있기 때문에 각별한 주의가 필요하다.

눈앞의 이익을
경계하라

사마귀가 매미를 잡아먹으려고 하는데, 그 뒤에 참새가 사마
귀를 노리고 있다(당랑포선 황작재후螳螂捕蟬 黃雀在后)는 말이 있다.
제갈량의 라이벌로 유명한 사마의(중달)가 손자에게 가르쳤다
는 말도 있다. 이 말은 단순히 먹이사슬 관계를 설명하는 것이
아니다. 대부분의 사람들이 눈앞의 이익만 보고 판단하고 결
정한다. 그런데 정치 영역이나 사업 영역에는 항상 자기 뒤를
노리는 사람이 있다는 것을 잊어서는 안 된다. 또한 내가 무언
가 눈앞의 이익에 집중할 때가 내가 가장 취약한 순간이라는
것 또한 잊어서는 안 된다. 향이지하 필유사어香餌之下 必有死魚란
말이 있다. 물고기는 맛있는 미끼에 현혹되어 죽는 법이다.

익숙해진다는 것을
경계하라

지금 전쟁 중이거나 내전 중인 나라에서 바라보는 평화와, 세계 유일의 분단국가로 동북아의 화약고라 일컫는 한반도에서의 평화는 완전히 다르다. 다른 나라에서 볼 때 한반도는 매우 위험한 지역이지만 한반도에 살고 있는 한국 사람들에게는 아주 평화로운 곳이다. 한국 사람들은 북한이 핵무기를 개발하고 ICBM(대륙간탄도미사일)을 발사해도 크게 긴장하지 않는다. 한미 양국 군대가 연합훈련을 하고 중러가 동해 지역에서 군사작전을 해도 평화롭게 일상을 보내는 세계에서 가장 담이 큰 민족이 됐다. 위기에 익숙해져 있기 때문이다. 하와이에 북한의 ICBM이 떨어진다면 미국민들은 어떠했을까.

사회 현상에 대해 우리 인간들이 받아들이는 감각의 크기도 비슷한 것 같다. 정치적인 면에서 도덕성이 상대적으로 우위라고 인식되고 있는 민주당에서 발생하는 많은 모럴 리스크에 대해 유권자들은 예민하게 반응하지만, 국민의힘에서 발생하는 문제에 대해서는 상대적으로 관대하다. 사건의 규모, 불법성 정도의 크기보다는 횟수의 문제 정도로 치부하는 경우가 많다. 물론 다른 요인도 있을 수 있지만 사건을 받아들이는 일반 국민의 감수성 차원에서는 분명히 온도 차이가 존재한다.

일부 정치권에서는 세월호와 이태원 참사와 같은 재난 사고를 그냥 불가항력적인 단순 사고로 몰아가려고 한다. 얼마나 크고 중요한 사건인지 알게 하기보다는 '있을 수 있는 일' 정도로 감각의 역치를 높이려고 한다. 한 명의 죽음이라도 '어이없는 죽음', '부당한 죽음', '있어서는 안 될 일'들인데, 자기 문제 아니면 쉽게 잊어버리는 사람들의 심리를 이용해서 국민들이 무뎌지도록 여론을 몰고 가기도 한다.

부정부패 사건도 마찬가지다. 수백 억의 주가조작사건이나 수십 억의 부정한 돈이 오고 간 사건들을 단순한 경제사범처럼 느끼게 만든다. 결국 우리가 익숙해진다는 것은 불법과 부정에 무뎌진다는 다른 의미일 수 있다. 최초의 자극 상태 이전으로 감각으로 역치를 낮춰야 한다.[*]

---

* 베버-페히너의 법칙 Weber-Fechner's law

감각의 세기는 자극의 로그對數에 비례한다는, 즉 S=k log I (S 는 감각의 세기, I 는 자극의 세기, k 는 상수)가 되는 정신물리학상의 법칙.

예를 들면 30g의 무게와 31g의 무게를 손바닥에 놓고 겨우 구별할 수 있는 경우에 60g과 61g의 차를 구별하기는 어렵고, 60g과 62g의 차이라면 겨우 구별할 수 있다. 이렇게 감각으로 구별할 수 있는 한계는 물리적 양의 차가 아니고 그 비율 관계에 의하여 결정된다는 사실은 19세기의 생리학자 E.H.베버에 의하여 발견되었으므로 베버의 법칙이라고 한다.

이 법칙에 바탕을 두고 물리학자이며 철학자인 G.T.페히너(1801~1885)는 "감각의 양은 그 감각이 일어나게 한 자극의 물리적인 양의 로그對數에 비례한다"라는 페히너의 법칙을 유도하였다. 이것은 법칙이라기보다는 오히려 베버의 법칙을 참고로 하여 페히너가 제안한 가설이다. 이 가설에 의하면 자극의 강도를 더해 감에 따라 감각의 증대율은 점차 약해지게 된다. 베버페히너의 법칙이라고 할 경우에는 이 둘을 가리킬 때도 있고 페히너의 법칙만을 가리킬 때도 있다.

[네이버 지식백과] 베버-페히너의 법칙Weber-Fechner's law-두산백과 두피디아 참고

067

익숙함과 편리함에
안주하면 망한다

멕시코에는 청동기 문화가 없다. 멕시코에는 기하학이나 수학적 지식이 필요한 피라미드가 많이 있는데도, 청동기 시대로 가지 못했다. 쇠처럼 단단한 흑요석obsidian의 편리함이 청동기의 필요성을 못 느끼게 했기 때문이다. 스페인령인 카나리아 제도도 이와 비슷하게 흑요석으로 된 신석기 문화만 있지 청동기 문화는 없다고 한다. 과거나 현재나 현실에 안주하고 변화하지 못한 나라와 민족은 쇠퇴하거나 망했다.

멕시코처럼 선진 문명이나 좋은 시스템이 변화의 걸림돌이 되는 경우를 종종 본다. 신용카드가 널리 보급되고 국민 대다수가 사용하는 우리나라의 경우, 모바일 결제에서는 중국보다 뒤처지고 있다. 신용카드를 사용하려면 단말기를 설치해야 하는데, 중국과 같이 나라가 크고 인구가 많은 나라에서 신용카드 단말기를 설치하는 비용을 고려할 때, 모바일 결제가 훨씬 경제적이면서 효율적이었기 때문이다. 그래서 한국은 신용카드 보급률이 90%를 넘지만 중국은 30% 수준에서 모바일 결제로 바로 점핑한 것이다.

공유경제의 상징 중 하나인 우버가 한국에 자리 잡지 못하는 이유도 비슷하다. 택시 인허가권을 가지고 있는 지방자치단체에서 개인택시 인허가권을 남발하면서, 택시사업자(기업이든 개인이든)들이 거대한 이익집단으로 존재하고 있기 때문이다. 지방 중소도시로 갈수록 택시업계의 정치적 영향력이 큰 게 현실이다. 그러다 보니 공유경제로의 전환이 동남아보다도 느린 것이다.

미국에서는 앱 기반의 비대면 원격진료가 빠르게 성장하고 있지만 우리나라는 의료계의 반발과 각종 규제로 인해 의료산업이 제 속도를 내지 못하고 있다. 자동차와 석유화학 등 제조업 중심의 대한민국은 탄소중립으로의 전환도 더디다. 지금과 같은 대전환의 시기에 한국이 성장했던 시기의 장점들이 지금은 단점이자 저항으로 다가오고 있다. 대전환을 위한 결단이 필요한 시기다.

068

불확실성을
관리하라

손자는 하늘의 때(천시天時)와 땅의 이로움(지리地利)을 알고 지피지기知彼知己(나를 알고 적을 안다)한다면 백번 싸워도 위태롭지 않다고 했다. 맹자는 천시와 지리에 인화人和(화합)를 추가하여 강조하고 있다. 날씨(천시)와 지형을 살피고, 적과 아군을 비교하는 지피지기가 장수의 몫이라면, 인화는 현장을 이끄는 장수에게도 중요하지만, 본질적으로는 국가를 이끄는 리더들의 역할이다. 필자는 4가지 요소 모두 중요하지만, 그중 가장 중요한 것은 인화라고 본다.

과거는 해석의 영역이고 미래는 불확실성의 영역이다. 현재란 매 순간이 과거이자 동시에 미래이다. 잘할 수 있을까에 대한 염려나 잘해야지 하는 다짐을 하며, 잘할 수 있도록 준비하고 기획한다. 그리고 매 순간 잘하고 있는지, 잘한 일인지 확인하고 반추해 본다.

불확실성을 관리하는 것이 관리자의 능력이고 리더의 능력이다. 불확실성의 범위를 좁혀 주는 물리적인 요인이 천시와 지리이다. 계절적 요인이나 눈비가 오는지와 같은 기후적 요인과 넓은 곳인지 좁은 곳인지, 높은 곳인지 낮은 곳인지 등등에 대한 공간적 정보에 대한 정확한 이해와 예측은 불확실성을 낮추는 요인이다. 기본적인 물리적 정보를 획득한 후에 알아야 할 것은 지피지기의 경지다. 천시와 지리가 객관적인 정보라면 지피기기는 주관적인 정보다.

나와 상대에 대해 얼마나 정확한 정보를 가지고 있느냐가 전쟁의 승패를 좌우할 정도로 중요한 사항이다. 바둑 초보는 자기 수만 본다. 상대의 수를 볼 수 있어야 중수 이상은 되는 것이다. 그다음 단계가 맹자가 얘기한 인화의 경지일 것이다. 영화 《300》에서처럼, 이순신 장군의 명량대첩처럼 수적인 열세를 뛰어넘을 수 있는 것이 인화이다. 전쟁사를 보면, 규모가 작더라도 단결력이나 화합이 있는 조직을 이기기는 쉽지 않다는 것을 알 수 있다.

069

좋은 거버넌스를
만들어라

외래어는 하나의 프레임이 되곤 한다. '개입'이나 '관여'를 말하는 'Engagement'는 김대중 대통령의 햇볕정책 때 '포용'이란 말로 번역되어 '포용정책'으로 불렸다. 거버넌스 경우 경영에서는 기업지배구조라고 번역되고, 행정이란 개념을 대체하는 국가경영으로 사용되고, 정치권에서는 협치라는 용어가 되어 여야 간의 상생협력이라는 의미로 사용되고 있다.

챗GPT에서 비교적 쉽게 정리하고 있지만 역시 한마디로 정리되진 않는데, 내가 정리한 거버넌스는 이렇다. 좋은 정책을 만드는 것보다 중요한 것은 이 정책이 원하는 목표대로 실현될 수 있도록 의사결정, 절차, 결과까지 관리하는 것이 거버넌스이며, 이 핵심은 다양한 의견을 반영하고 정책수용성을 높일 수 있으며, 조직이 가지고 있는 모든 자원을 효율적으로 배치하고 활용할 수 있도록 회의체를 구성하는 것이라고 생각한다.

조직은 국가, 기업, 시민단체 등등을 포괄하는 개념이고, 조직의 목표가 다양함에 따라 다양한 회의체를 만든다. 문제는 그 회의체에 누가 참여하느냐가 가장 중요하다는 것이다. 재벌기업 위주의 우리나라 기업에서는 유럽이 ESG에서 요구하는 거버넌스에 부합하기 태생적으로 어려운 한계가 있다. 노동이사제도는 이사회에 노동자단체 대표가 참여하는 제도인데, 우리나라는 아직까지 정부에 의해 잘 순치된 공공기관 정도에서 노동자가 추천한 인사가 참여하는 수준이다.

우리나라 정치에서도 괜찮은 거너넌스 사례가 없는 것은 아니다. 추미애 국회 환노위원장 때의 노동법 개정 과정에서 합의를 도출하기 위해 만들었던 8자회담도 거버넌스의 좋은 예이다.

주요한 의사결정을 하는데, 정책의 대상이 되는 계층이 참여하지 않는다면 정책의 수용성은 떨어질 수밖에 없다. 장애인 정책, 여성 정책, 교육 정책 등등 모든 정책이 그렇다. 따라서 정책의 대상들이 의사결정의 주체로 참여해야 한다. IT기술의 발전에 따라 거의 모든 정책을 실행하는데 IT기술의 적용 여부와 실행가능성을 확인해야 하며, IT기술을 통해 어떻게 구현되는지 사전에 점검해야 한다. 이 말은 모든 회의에 IT전문가가 참여해야 한다는 것을 의미한다. 그런데 여전히 주요 의사결정에서 IT전문가들이 참여하지 못하는 경우가 많다.

변화에 강한
조직을 만들어라

권위주의적인 조직은 모든 권력이 리더에게 집중하면서 신속한 의사결정이 가능한 효율적인 조직이다. 반면 민주적 조직은 권한이 하부조직으로 분산되면서 의사결정은 느리지만 구성원들의 참여의식이 높아 조직이 목표 달성을 위해 한마음 한뜻으로 움직일 수 있다는 장점이 있다. 이건 대체로 리더의 성향과 조직의 문화에 따라 영향을 받을 수밖에 없다. 다만 이것은 일상적인 상황에서는 그렇다는 것이다.

정부조직처럼 관료제적 계층구조hierarchy를 가진 조직뿐만 아니라, 매우 신속하고 기민한 결정을 필요로 하는 애자일agile한 조직*도 있다. 많은 시민들이 국회의 보좌직원들은 무엇을 하는 사람이냐고 궁금해한다. 사실 대통령실이나 국회의원실은 매우 애자일한 조직들이다.

대통령실이나 국회의원실은 태생적으로 애자일할 수밖에 없다. 하루에도 통제 범위 바깥에서 많은 일들이 발생한다. 대한민국 전반에 걸친 일들이 소관업무가 되기 때문이다. 국회의원들은 본인을 뽑아 준 지역구에서 발생하는 다양한 상황을 관리해야 한다. 이 또한 제도적으로나 시스템적으로 작동하는 문제가 아니라 예측 가능성이 낮은, 돌발성이 큰 휴먼 리스크가 큰 영역이라 애자일하지 않으면 관리할 수 없다(이 리스크는 해결이란 언어보다는 관리라는 언어가 적합하고 생각한다.)

그런데 애자일한 조직에도 리더의 권위주의적인 판단이나 결정이 필요할 때가 있으며, 민주주의적인 의견수렴 과정과 절차를 무시해서는 안 된다. 이상적으로 들릴 수 있겠지만, 결

---

* **애자일agile 조직** : 부서 간 경계를 허물어 같은 단위 조직 내에 업무 속성에 따라 마케팅·영업·운영 등의 성격이 한데 모인 멀티 기능 형태로 구성된 조직을 말한다. 급변하는 시장 환경 속에서 다양한 수요에 유연하고 민첩하게 대응하기 위해 필요한 경영 방식으로 구글, 마이크로소프트 등 글로벌 기업들이 도입하고 있다. 단위 조직별로 자율성과 업무 수행 방식에 전적인 권한을 부여함으로써 변화에 민첩하고 유연하게 대응할 수 있게 하는 것이 특징이다. 이러한 빠른 속도로 인해 생산성이 향상된다. 애자일 조직은 개발 환경에 맞춰 요구 사항이 추가되거나 변경되어 고객에게 좀더 빨리 결과물을 내놓을 수 있다. 빠른 피드백과 개발 주기는 위기 관리에 잘 활용될 수 있다.

[네이버 지식백과] 애자일agile 조직-매일경제 참고

재라인만 획기적으로 줄여 주면 기존의 관료조직에서도 가능하다. 공식 조직에서 결재라인 하나를 넘어가기가 얼마나 어렵고 시간이 걸리는 일인지 경험해 본 사람들은 잘 알고 있다. 결재라인을 줄여 주는 것만으로는 해결이 안 되는 것이 있다. 조직의 엘리트들은 문서로 자신의 의견을 남기고 싶어 하지 않는다. 정부조직, 공공기관, 대기업 등등 대형화되어 있고 공식 조직을 중심으로 움직이는 곳일수록 특히 이러한 경향이 강하다. 이런 곳은 결재라인이라는 칸막이를 자신의 보호수단으로 이용하기도 하기 때문에 애자일한 조직으로의 전환에 걸림돌이 된다.

정보통신기술의 혁명으로 인해 정보량이나 의사소통은 차고 넘친다. 사람들은 리더가 있는 단톡방과 리더가 없는 단톡방, 그리고 비슷한 지위의 사람들 또는 친한 사람들 모임 등등 서너 개를 사용한다. 그런데 리더가 참여하는 단톡방이 활성화되는 경우는 거의 없다. 익명이 보장된다 해도 함부로 의견을 남기기 어려운 것이 우리나라의 일반적인 조직 문화다. 리더는 의사소통에 직접 참여하지 말아야 하는 첫 번째 이유다. 두 번째 이유는 리더가 특정 의견에 편견(바이어스)을 가질 수 있기 때문이다. 리더는 의사결정을 앞두고 '무지의 베일'에 남아 있는 것이 더 합리적이다. 우리 사회가 한 단계 업그레이

드되려면 봉건적 인간관계를 없애고 결재라인을 줄여 민주적,
수평적 의사결정구조로 바뀌어야 한다고 생각한다.

071

옛날 장수들이 약초꾼과
말을 관리하던 지혜를 배워라

영화《명량》을 보면, 이순신 장군이 명량해전을 앞두고, 늙은 어부를 모셔 와 물때와 물길에 대해 자문을 구하는 장면이 나온다. 『삼국지연의』에서 장비도 산에서 전쟁을 할 때 약초꾼을 불러 와 길을 묻는다. 아무리 뛰어난 리더라도 현장 상황에 밝은 경험 많은 이들의 조언이 없으면 전략과 전술을 만들 수 없기 때문이다.

옛날 전쟁 영화를 보면 굶주림으로 죽어 가다 마지막에 말을 잡아먹으라고 명령하는 장면이 나온다. 당시 말이란 최강의 공격 수단이기도 하지만 가장 빠른 퇴각 수단이기도 하며, 통신 수단이기도 하다. 따라서 말을 포기한다는 것은 죽음을 각

오한다는 의미이기도 하다. 말은 빠르지만 지구력이 약해서 한 번의 사용을 위해 체력을 비축해야 한다. 즉 잘 먹이고 잘 쉬게 해야 한다. 그래서 장수들은 전투 중이 아니면 대부분 말을 타지 않고 끌고 다녔다고 한다. 손오공에게 말을 관리하는 관직을 내렸다고 손오공이 화를 냈다고 하지만, 당시 말을 관리하는 것은 그만큼 중요한 일이기도 했다. 리더란 필요한 정보를 얻는 데는 약초꾼의 지혜라도 빌려야 하며, 한 번의 전투를 위해 말과 핵심 자산을 잘 관리해야 한다.

072

끼인 자는
되지 마라

어떤 사회적 현상이나 정치적인 문제에 대한 학자들의 글을 보면 양비양시兩非兩是로 귀결되는 경우가 많다. 둘 다 맞거나 둘 다 틀리다는 것, 즉 맞는 것도 없고 틀리는 것도 없다는 것이다. 이것은 긍정도 부정도 안 한다는 외교적 레토릭인 NCND neither confirm nor deny와는 다르다. 국가 간에는, 심지어 동맹국 사이에도 상대방에 정확한 정보를 얻기 위해 스파이까지 동원하고 있다. "엄마 좋아? 아빠 좋아?"라는 반복되는 딜레마에서 "둘 다 좋아"라고 답하는 아이들의 지혜라고나 할까. 외교적인 노선에서 명확한 입장을 취하는 것은 아이들만도 못한 어리석은 일이다. 전략적 모호성을 유지하는 것이 NCND

의 핵심이다.

정치인들이 양비양시의 태도를 취한다면 찬성하는 쪽과 반대하는 쪽, 양쪽에서 욕을 먹는다. 찬성하는 쪽에서는 소극적이라고 하고 반대하는 쪽에서는 기회주의라고 한다. 그래서 정치인은 항상 어느 한 편에서 결론을 내리고 말하고 행동해야 한다. 그런데 가끔 일본강제징용 문제와 같은 어려운 현안들이 있다. 사실 칼로 무 자르듯 자를 수 있는 정치 현안은 거의 없는 게 현실이다. 이때 가장 위험한 스탠스가 중간에서 중재하는 것이다. 국회를 통과하는 많은 법안들을 보면 '위원회 대안'이라는 꼭지가 붙는다. 쉽게 말하면, 여야 간 그리고 정부와 의회 간 균형점 또는 절충점을 찾았다는 말이다.

그런데 왜 중간에서 중재하는 것이 위험하다는 것일까? 잘못 접근하면 중간에 끼인 자가 되기 때문이다. 끼인 자가 되는 경우는 중재자가 절충점이라는 답을 가지고 해결하려고 할 경우다. 일제 강제징용 관련 문희상 국회의장의 안은 -특별법을 제정해서 더 이상의 사과나 요구를 하지 않는다는 것을 전제로 제3자 배상을 하자는- 절묘해 보이지만 꼼수다. 이런 방식으로 해결되지 않는다.

좋은 거버넌스를 만드는 것까지가 리더가 해야 할 일이다. 즉, 정책 결정에서 집행까지의 모든 이해 관계자들이 다 참여하는 회의체를 만드는 것이 가장 중요한 일이다. 나머지는 숙성 또는 쿠킹의 시간이 필요하다. 한일 양국의 과거와 미래의 문제는 일차방정식으로 해결될 문제가 아니다. 일제 강제징용과 같이 다른 나라와 연관된 사안들은 외교적인 문제와 역사적 문제가 있기 때문에 더 어려운 사안이다. 한일 양국은 수출 규제와 WTO제소를 주고받을 정도로 국력도 주요 변수가 된다. 기다림의 시간도 필요하고 혼자의 힘으로 어려우면 제3, 제4국과 연합하는 것도 고려해야 한다. 게다가 한일 관계에는 아직까지 보상 문제가 남아 있는 북한이라는 변수가 있다. 수학적으로 풀 수 없는 가장 복잡한 방정식이 만들어진다.

답을 정해 놓고 문제를 해결하려고 하는 것은 암기식 교육 세대의 한계일지도 모른다. 이렇게 하면 반드시 끼인 자가 된다. 리더는 답을 정해 놓고 중재하는 것이 아니라 좋은 거버넌스를 만들어서 답을 찾아가는 방식으로 문제를 해결하는 지혜가 필요하다.

073

출마하지 않으면
당선될 수 없다

너무나 당연하고 바보 같은 명제다. 선거로 대표를 뽑는 선거 제도에서 출마하지 않고 당선될 수는 없는 것이다. 이 당연한 이야기를 굳이 말하는 이유는, 막상 출마를 결심하는 것은 결코 쉬운 일이 아니기 때문이다.

출마를 하려는 사람에게 『손자병법』의 맨 첫구절을 얘기해 준다. 전쟁이라는 것이 국가의 흥망이 걸린 것兵者 國之大事 死生之地 存亡之道 不可不察也처럼, 선거라는 것은 집안의 흥망이 달려 있는 것이라고…

국회의원선거를 예를 들면, 먼저 본인의 출마 여부를 판단해야 한다. 지역의 정치 지형과 현안 등을 분석하며 본인의 당선 가능성 또는 경쟁력을 확인한다. 그리고 크고 작은 지역 행사나 활동에 참여하며 인지도를 높이는 일부터 시작한다. 이러한 물밑작업을 토대로 당내 경선을 준비한다. 후보자 입장에서 선거다운 선거는 경선부터이다. 본 선거에 나가려면 각 정당에서 경선을 통과해야 하기 때문에, 먼저 경선 후보 등록을 해야 한다. 본 선거에서 당선 가능성이 높은 지역은 경선 경쟁이 치열하다. 경선을 통과하는 방법은 여러 가지가 있지만, 경선을 통과하고 나면 타당 후보와 본선을 치르게 된다.

경선과 본선을 치르려면 상당한 정도의 돈이 들어갈 수밖에 없다. 그 돈을 마련하기 위해 후원금을 모금하거나 출판기념회와 같은 행사를 한다. 출판기념회나 후원금이란 결국 본인의 친인척, 지인, 또는 직간접적으로 영향을 행사할 수 있는 사람들이 총동원된다고 보면 된다. 부정적으로 말하면, 관폐, 민폐 다 끼치는 행위다. 옛날 군사를 일으키는 것과 비슷할 수 있다.

확률로 평가하기는 어렵지만, 한 지역에서 도전자 10~20명 중 1명이 국회의원이 된다고 볼 수 있다. 건물에 현수막 하나만 걸어도 5천만 원 이상이 든다는 데도 출마자들은 끊이지 않는다. 출마하지 않으면 도전할 기회조차 없기 때문이다.

074

당심과 민심이 불일치할 때,
민심을 따라야 한다

현대 민주주의는 정당 민주주의를 표방하고 있다. 정당 민주
주의란 직접 민주주의가 아닌 간접 민주주의인 대의제에 기반
을 둔 책임정치다. 애플의 아이폰이라는 스마트폰의 출현과 함
께 소셜미디어SNS의 발달로 직접 민주주의에 대한 요구가 증
가하면서 소셜미디어의 역할은 중요해졌다. 소수 재벌과 결탁
한 소수 미디어들이 독점하던 상황이 깨지고 1인 미디어의 시
대가 열렸다. 유튜브가 그 중심에 있다. (TBS〈뉴스공장〉을 하차
한 김어준의〈겸손은 힘들다〉는 며칠 만에 100만 슈퍼 챗을 받는 유
튜브 채널로 등극했다.)

　　SNS의 발달로 지지자들의 확증편향이 강화되고 있다.

1인 미디어는 특정 집단, 특정 지지자의 입맛에 맞는 자극적이고 선정적인 주제, 심지어 가짜뉴스까지 동원해 호객행위를 한다. 1인 미디어의 영향력이 커질수록 중력의 법칙처럼 시공간의 휘어짐도 발생한다. 인플루언서라고 하는 영향력이 큰 인물들이 어젠다를 세팅하고 이슈를 선점하고 있다. 이런 일들은 대의제에서 정당들이 하던 일이다. 대의제에서의 정당의 역할이 상대적으로 퇴색되고 있는 것이다. 문제는 현대의 직접 민주주의에서 인플루언서들은 발언하고 여론은 형성하지만 책임은 지지 않는다. 과거 아테네에서처럼… 어쨌든 그 책임은 오로지 정당과 그 지도자들의 몫이다.

이러한 직접 민주주의의 폐단 때문에, 플라톤은 민주주의를 중우정치衆愚政治라고 비난했다. 그의 스승 소크라테스의 사형 판결 과정에서 처음에는 사형 찬성파와 반대파가 팽팽하게 대립했지만, 소크라테스의 일부 자극적인 발언들 때문에 사형파가 압도적으로 늘어나 사형 판결이 내려지는 것을 보면서, 플라톤은 인간과 다수의 판단이 얼마나 감성적이고 비논리적인지를 보았다. 그러한 중우정치는 다수결의 원칙에 의해 선택된 인물, 정책, 사상 등에 대한 지나친 맹신과 신뢰에서 나온다. 다수가 주장하고 선호한다고 해서 항상 그것이 옳은 것은 아니다. 민주주의가 가장 발전한 제도이기는 하지만 여전히 완전한 제도가 아닌 이유이기도 하다.

현대 정당정치에서는 일반적인 민심과 정치적인(또는 당파적) 민심, 즉 민심과 당심을 알아야 한다. 계급정당의 전통이 강한 유럽과 달리 우리나라는 지지자 정당의 성격을 가지고 있다. 당심이란 특정 정책이나 인물에 대한 지지자들의 편향(?)이 반영된 민심인데, SNS의 발달로 확증편향이 강화되는 추세라서 당심과 민심의 괴리가 커지고 있다.

과거 선거에서 당심과 민심의 괴리가 있는 경우, 정당은 민심을 따라가는 편이었는데, 지난 제20대 대통령 국민의힘 경선에서는 당심이 민심을 뒤집는 선택이 나왔다. 그 직후 치러진 김은혜와 유승민의 경기도지사 경선도 마찬가지였으며, 김기현 당대표도 이와 같은 경로를 밟았다. 다시 말해, 지지자 정당에 뿌리를 둔 한국 민주주의에서 SNS의 발달은 민심과 당심의 괴리가 커질 가능성이 커지고 있고, 각 당에서는 당심의 선택을 받는 사람이 후보가 될 가능성이 커지고 있다. 당심이 민심으로부터 멀어지면 결국은 민심의 외면을 받게 될 것이다. 그럼에도 바꾸지 않는 이유는 소선거구제에 기반을 둔 즉, 사실상의 양당제를 하고 있는 우리나라는 미국과 마찬가지로 51대 49의 게임을 하고 있기 때문이다.

075

스핀 닥터는
필요악

정치 후보자나 정당의 공공 이미지와 인식을 조작하는 데 특
화된 정치 자문가를 '스핀 닥터'(요즘은 잘 안 쓰는 표현이지만)라
고 한다. 그들의 주요 역할은 정보의 흐름을 통제하고 어떻게
전달되는지 조작하여 정치 후보자를 위한 메시지를 만드는 것
이다.

스핀 닥터는 문제를 긍정적으로 구성하거나 부정적인 뉴
스를 물리치며, 정치 후보의 강점을 강조하는 등의 다양한 전
략을 사용한다. 그들은 미디어 출연, 연설, 보도 자료 및 소셜
미디어를 활용하여 메시지를 전파하고 대중 의견에 영향을 미
치기도 한다.

'스핀 닥터'라는 용어는 진실이나 공익보다 자신의 클라이언트인 정치 후보자의 유리한 이미지를 만드는 사람이기 때문에 부정적인 의미로 사용된다. 그러나 복잡하고 고도 경쟁적인 미디어 환경을 관리하기 위해 스핀 닥터는 여전히 중요하다.

 바이든을 날리면으로 바꾼 김은혜 수석도 전형적인 초보 스핀 닥터다. 진짜 고수들은 국민들이 알아차리지도 못하는 사이에 프레임을 바꾸기도 한다.

076

장이 설 때,
뭐든지 팔아라

상설시장이 없는 곳에는 아직도 5일장, 7일장 등이 선다. 정치판은 5년에 한 번 대통령선거가 있고, 4년에 한 번 국회의원총선거가 있고, 지방선거도 4년 주기로 있는데, 국회의원총선거와 지방선거는 2년의 시차를 두고 시행되기 때문에 사실상 거의 2년마다 열리게 된다. 이에 따라 통상 정당의 전국대의원대회는 2년 주기로 개최되며, 당내 리더십의 위기가 올 때 비상대책위원회를 구성하거나 임시전당대회를 개최하기도 한다. 그러다 보면 정치권에서는 거의 매년 선거나 경선을 치르게 된다.

국회의원들에게 대통령 후보 경선이나 당대표를 선출하는 전당대회는 자신의 선거가 아니더라도 정치적으로 중요한 이벤트다. 통상 체급에 맞게 대통령선거를 위한 당내 경선이나 당대표를 위한 당내 경선 출마 준비를 한다. 리더의 길을 가려는 사람은 이때 뭐든지 팔아야 한다. 직접 출마하거나, 상황이 여의치 않다면 연합이라도 할 수 있다. 국회의원선거와 지방선거와 달리 당내 경선은 패배해도 국회의원 신분이나 지방의원의 신분이 박탈되지 않는다. 즉, 정치적으로 위기에 몰리지 않는다.

리더의 길을 가려면 직접 출마하는 것이 바람직하지만, 정치성향이 그렇지 못한 사람들도 있다. 초선 때는 어느 캠프에든 참여하여 대변인이나 비서실장을 맡는 것도 경험을 위해서는 필요하다. 가급적 이기는 쪽을 선택하는 것이 바람직하지만, 지는 쪽이라 해도 잠재력이 있다면 같이하는 것이 안 하는 것보다는 낫다.

IV. 인재를 구하라
– 좋은 참모란

천하를 얻으려면
먼저 인재를 얻어라

일찍이 관포지교로 유명한 관중은 쟁천하자 필선쟁인爭天下者
必先爭人이라 했다. 천하를 놓고 다투려면 먼저 사람을 두고 다퉈
야 한다는 뜻이다. 관중은 제환공의 반대편 책사로 있었고, 포
숙아는 제환공의 책사로 있었지만, 제환공의 권력다툼 승리
이후 포숙아가 관중을 제환공에게 천거했고, 제환공은 관중
을 받아들여 패업을 이루게 된다.

공자는 재난才難이라고 했다. 인재를 구하기 어렵다는 뜻이
다. 『서경』에 "순임금은 능력 있는 신하 다섯 사람을 두고 천하
를 다스렸으며, 주나라 무왕은 신하 10명만 두었다. 공자는 이
에 대해 '인재 얻기가 이처럼 어렵지 않은가'舜有臣五人而天下治 武王

曰 子有亂臣十人 孔子曰 才難 不其然乎"라고 말했을 정도다.

모든 일은 사람이 하는 것이다. 혼자는 절대 리더가 될 수 없다. 리더란 팔로워가 있어야 리더로서의 필요충분조건을 만족시키기 때문이다. 그러나 사람만 많다고 승리하는 것도 아니다. 일반 병사들은 구하기 쉽지만 유능한 장수는 얻기 어렵다는 말이 있다. 병가에서는 이를 일장난구一將難求라고 한다. 수의 많고 적음보다 한신과 같은 다다익선多多益善의 경지에 오른 리더십이 필요하다. 그래서 중국 고사에서는 인재나 현자라는 말을 쓰면서, 좋은 인재를 구하기 위한 여러 가지 아이디어들이 있는데 전국시대 연나라의 책사 곽외郭隗의 말이 유명하다.*

곽외는 리더와 참모와의 관계, 또는 리더가 참모를 대하는 태도에 대해 4가지로 설명한다. (리더와 참모와의 관계를 언급한 것은 이것이 역사상 처음 있는 기록으로 보인다.) "천하를 얻으려는

---

* 매사마골買死馬骨

전국 시대에 연나라는 제나라와 싸워 패하는 바람에 국운이 많이 기울었다. 연나라 소왕昭王은 곽외를 불러 인재를 구할 의견을 구했다. 그때, 곽외는 귀하디귀한 천리마를 구한 이야기를 들려준다. 시장에서 천리마를 구하지 못하자 반값에 죽은 천리말 뼈를 샀더니, 이 소문을 듣고 사람들이 살아 있는 천리마를 팔기 위해 사람이 몰려왔다는 얘기다. 그러면서 곽외는 저(곽외)부터 중히 쓰시라고 조언했다. 저 곽외를 우대하시면 그 소문을 듣고 인재들이 몰려올 것이라는 것이다. 연나라 소왕은 그 말을 받아들여, 다양한 분야의 인재를 영입하여 잃어버린 고토를 수복했다는 이야기이다.

√ 논어의 '근자열 원자래近者悅 遠者来'(가까이 있는 사람을 기쁘게 하면 멀리 있는 사람이 찾아온다)와 유사한 말이기는 하지만, 공자는 백성들에게 잘해 줘야 다른 곳의 백성들도 몰려온다는 의미로 사용했다.

자는 인재를 스승으로 모시고, 왕도를 걸으려는 자 인재를 친구 또는 동지로 대하고, 패도를 걸으려는 자 인재를 신하로 대하고, 망국의 지도자는 노예처럼 부리기만 한다.帝者與師處 王者與友處 霸者與臣處 亡國與役處"는 것이다.

또 사람을 살피는 법에 관하여 몇 가지 방법이 있지만, 중국 전국 초기 위나라 사람으로 공자의 제자인 자하子夏의 밑에서 공부한 이극李克(이회와 동일인이라는 설이 있음)의 말이 대표적이다. 위문후가 사람을 살피는 방법에 대해 물었다. 이에 '평소 누구와 친하게 지내는지, 부자일 때 누구와 함께 나누는지, 잘나갈 때 누구를 추천하는지, 상황이 어렵다고 해서는 안 될 일을 하는지, 가난하다고 취하지 말아야 할 것을 취하는지를 보라居視其所親 富視其所與 達視其所擧 窮視其所不爲 貧視其所不取'고 답했다. 곽외의 말이나 이극의 말은 2천 년이 지난 지금 봐도 손색이 없는 말들이다. 굳이 이극의 말에 현대 민주주의적 감각을 덧붙여 첨언을 한다면 '대화할 때 다른 의견을 듣는 태도'도 보아야 할 것 같다.

인재를 구함에
차별을 두지 마라

"태산은 작은 흙덩이도 사양하지 않기에 그 거대함을 이룰 수 있고, 강과 바다는 작은 물줄기도 가리지 않기에 그처럼 깊어질 수 있었다泰山不辭土壤 河海不擇細流". 진시황 때(통일 전) 이사李斯가 남긴 명언이다. 진나라의 치수사업을 진행하던 중 발생한 간첩 사건으로 인해 외지인 출신 관리들을 모두 진나라 밖으로 추방시키라는 '축객령'이 내려져서, 초나라 출신의 객경客卿(외지 출신 관리) 이사 역시 쫓겨나게 되었는데, 그때 왕에게 올린 글로, 인재의 중요성을 강조할 때, 정치권에서는 아주 많이 인용하는 문구다.

실제 궁벽한 외지에 있던 진나라를 강대국의 기틀을 갖추게 한 상앙(진효공 때 인물) 역시 위나라 출신이고, 합종연횡의 장의 역시 외지 사람이다. 진나라는 '객경'이라는 외부 인재 영입을 통해 내부를 혁신하고 전국시대 최고의 강대국을 건설하게 된 것이다. 진나라 치수사업을 주도했던 인물이 간첩행위를 한 것은 맞지만 진시황은 그 공로와 업적은 높게 평가했다.

진나라의 통일은 전국시대 중국의 집단지성의 산물이었다고 말할 정도로 다른 나라 출신의 인재등용에 적극적이었다. 법가사상을 기반으로 능력 중심의 인재발굴을 통해 막스 베버보다 2천 년 앞서 현대 관료제의 틀을 갖췄으며, 상벌체계와 개방형 채용을 갖추었다. 능력이 있는 인재를 중국 전역에서 찾아서 썼다. 최근 병마용 연구에서 나온 사실 중 하나는 병마용 기법이 중앙아시아 쪽의 그리스 문화(헬레니즘)의 영향을 받았다는 것이다. 사실 병마용이 있기 전에 실물 크기의 인형은 없었다. 그 정도로 진나라는 동서 문화 모든 영역에서 개방적이었다.

인재는 많다. 인재의 문은 항상 열어 두어야 한다. 그리고 인재들이 찾아올 수 있는 환경을 만들어 주어야 한다. 살아남는 것은 본인의 몫이다. 진시황은 법가사상을 완성한 한비자를 존경하고 그의 책을 탐독했다고 알려지지만, 정작 한비자를 죽이고 이사를 선택했다. 그 이유는 불분명하지만, 한비자는 한나라를 위해 진나라에 온 사람이었고 이사는 진나라를 위해 초나라를 떠난 사람이었기 때문 아니었을까.

079

빈 잔을
채울 사람을 찾아라

김영삼 전 대통령은 '머리는 빌리면 된다'고 했다. 머리 좋은 사람은 생각보다 많다. 한고조 유방처럼 그들을 잘 쓰는 리더십이 중요하다. 리더 스스로 무엇이 부족한지를 안다는 것은 절반은 성공한 것이다. 대체로 머리가 좋은 리더는 충성심 있는 사람을 원하고 추진력 좋은 리더는 머리 좋은 참모를 원한다. 리더와 참모들은 대체로 그러한 방식으로 조합을 이룬다.

사람은 누구나 장단점이 있다. 자기 스스로 단점을 장점으로 바꾸는 일은 거의 불가능에 가까운 일이지만, 장점을 가지고 있는 사람의 도움을 받는다면 상당 부분 보완될 수 있다. 가끔은 참모가 잘못된 목적이나 방향으로 리더를 이끌거나 리더의 단점을 이용하여 가스라이팅을 하는 경우도 있다. 이것을 구분하여 인식하고 경계하고 판단할 수 있는 리더가 살아남는다.

080

제갈량은
좋은 참모가 아니다

『삼국지』의 신출귀몰한 책사 제갈량을 생각하면서 그는 과연 좋은 참모였을까 반문해 본다. 『삼국지연의』에서 묘사된 제갈량의 적벽대전은 명나라 주원장 때 '유기'라는 책사가 했던 해전을 모티브로 한 것이지 실제 있었던 일은 아니라고 한다. 젊은 나이에 천하를 셋으로 나눌 생각으로 무에서 유를 창조하듯 촉한을 만들었다는 것만으로 높이 평가받아야 마땅하지만, 그의 업적 행간의 이야기를 보면 그렇게 단순하게 보기 어렵다.

첫째, 읍참마속의 이야기로 유명한 마속의 경우, 유비가 생전에 경계해야 할 인물로 지적했었는데, 제갈량은 그 말을 듣지 않고 중책을 맡겼다가 결정적으로 1차 북벌에 실패하는 원인이 된다.

둘째, 유비가 유언으로 자신의 아들이 무능하면 제갈량이 대신 황제가 되어 달라고 부탁을 하는 장면이다. 세상 어느 누구도 자신의 참모에게 권력을 맡긴 경우가 없다. 권력의 속성을 이해하는 사람이라면, 이것은 제갈량이 권력을 찬탈할 수도 있다는 불신이 담겨 있는 말이라는 것을 안다. 동시에 그러한 제갈량이 만에 하나라도 가졌을지 모를 의도(?)에 대한 사전 봉쇄를 의미하기도 한다. 관우, 장비라는 유비의 두 아우를 변방으로 배치하고, 결과적으로 전사하게 만들었으며, 중앙의 정치, 경제, 군사에 걸친 모든 권력을 장악하고 있었던 제갈량이기에 유비도 그 충성심을 모르는 바 아니지만 본능적으로 경계를 늦추지 않은 것으로 보인다.

셋째, 5차례의 북벌. 마속에 의해 실패한 1차 북벌까지는 나름 명분도 있었지만, 그 이후의 북벌의 의미는 좀 다른 부분이 있다. 제갈량이 군량미 확보도 제대로 못 해 어려움을 겪는 일화는 제갈량의 위상이 약화된 촉한 내부의 권력투쟁의 결과를 보여 주는 것이다. 주전파와 주화파처럼 전쟁을 두고 조정 내부에서는 치열한 논쟁과 권력투쟁이 전개된다. 제갈량의 북벌에는 정치, 군사, 경제를 장악해 온 힘이 뒷받침했던 것인데, 북벌이 지속될수록 이러한 힘이 약화되고 세력은 분열되고 본인은 전사하고 촉한은 패망의 길로 가게 된다.

넷째, 북벌의 최대 수혜자는 사마의 집안이었다. 조씨 집안의 위나라는 전쟁을 통해 많은 인재가 죽고 국력은 쇠퇴했지만, 사마의는 제갈량과의 싸움을 통해 중앙의 견제를 벗어나 세력을 확장하고 천하를 통일할 세력을 구축했기 때문이다. 이것이 제갈량의 딜레마 아니었을까.

제너럴리스트와 스페셜리스트 중
택일한다면?

제너럴리스트와 스페셜리스트는 인사행정학의 오래된 주제
다. 제너럴리스트는 깊이(전문성)를 보완해야 하고 스페셜리스
트는 폭(다양성)을 보완해야 한다는 상투적인 결론에 도달하
고 싶진 않다.

　조직의 상위계층에는 제너럴리스트가 많다. 이것이 제너
럴리스트가 승리했다는 증표는 아니다. 위로 갈수록 다뤄야
할 문제나 주제가 많아지기 때문에 스페셜리스트로 선발되었
다고 해도 다양한 업무 경험을 통해 제너럴리스트가 되는 경
우가 많다.

　대부분의 정치인들은 제너럴리스트다. 일부 스페셜리스

트들이 있긴 하지만, 국회의원 대부분은 상임위원회를 배정받으면 처음부터 공부를 시작해야 한다. 하나의 상임위원회에는 두세 개의 장관급 조직, 서너 개의 차관급 조직, 수십 개의 공공기관이 있다. 환경노동위원회의 경우, 환경부와 노동부, 그리고 기상청(차관급)이 있고, 그 밑에 일일이 이름도 기억하기 어려운 무수한 산하기관이 있으며, 그 산하기관에는 국정감사를 받지 않는 자회사나 손자회사도 있다. 전문성을 갖췄다는 국회의원은 상대적으로 유리한 위치에서 상임위 활동을 할 수는 있지만 자기가 전공한 부분만 아는 것일 뿐, 상임위 전체를 알기 어렵다. 그래서 경험 많은 정책 전문 보좌진을 찾는다.

보좌진들에 의해 잘 정리된 질의서를 읽는 것을 부끄럽게 생각하는 정치인들도 상당히 많다. 연차가 쌓이고 선수가 높아질수록 이런 경향이 더 강해진다. 준비되지 않은 자신의 의견이나 생각이 들어갈 경우 성공적인 질의를 하지 못하는 경우가 많다. 실제 10% 정도의 국회의원만 질의서 내용을 정확히 이해하고, 나머지 90%는 질의 자료를 정확히 이해하지 못한다. 천재가 아니고서는 보좌진들이 몇 주 동안 준비해 온 질의서를 단 몇 시간 안에 이해하는 것은 불가능하다. 바쁜 의정활동(?)으로 늘 시간에 쫓기기 때문에 몇 시간이라도 제대로 정독하고 들어가서 질의하기도 쉽지 않다. 국회의원들은 태생적으로 제너럴리스트이거나 국회의원이 되는 순간부터 제너럴리스트로 커 간다. 국회의원들은 제너럴리스트로서의 장점을 잘 살리는 것을 배우는 것이 필요한데, 대부분 그렇지 못하다. 현안의 늪에서 허우적거릴 때, 빠져나올 수 있는 가장 현명한 방법은 유능한 보좌관을 찾는 것이다.

082

학택지사[*]의
지혜를 배워라

어떻게 아랫사람을 대해야 하는지 잘 설명하고 있는 이야기로, 『한비자』에 나온다. 어느 여름날 물이 말라 버린 연못에 사는 뱀들이 다른 연못으로 이동을 해야 하는데, 큰 뱀이 작은 뱀들을 등에 태워 이동하자, 사람들이 그 작은 뱀들을 신성한 뱀이라 여겨 아무도 다치지 않고 목적지까지 갈 수 있었다는 얘기다.

　　윗사람이 아랫사람을 높여 주면 아무도 그를 무시하지 못한다. 리더들은 몸이 하나라서 활동에 많은 제약을 받기에 선

---

[*] **학택지사** 涸澤之蛇: 아랫사람을 높여야 나도 높아진다

택과 집중을 할 수밖에 없다. 그래서 자기와 같은 사람이 하나만 더 있었으면 하는 넋두리를 하는 리더들이 많다. 리더의 신뢰를 받은 참모들은 아바타나 클론처럼 대리인 역할도 가능해지므로 리더의 몸 두세 개의 역할도 할 수 있게 된다.

물론 아무나 자기 머리 위에 태워서는 안 된다. 잘못하면 호가호위의 우를 범할 수 있기 때문이다. 잘 알려지지 않는 새로운 인물을 영입할 때나 배타적인 성향이 강한 조직에 안착시킬 때 효과적일 것이다. 유방이 한신을 대장군으로 띄워 주고, 유비가 제갈량을 의형제인 관우와 장비보다 서열이 높은 책사로 임명한 것이 그 성공적인 예일 것이다.

083

충신보다 양신이
되어야 한다

당태종이 남긴 대화록으로 유명한 『정관정요』에 나오는 정치가이자 전략가인 위징魏徵은 신하에는 세 가지가 있다고 했다. 보통 신하를 충신과 간신이라는 이분법으로 분류하는데, 위징은 여기에 양신良臣이라는 개념을 추가하고 있다. 간신이란 왕을 망치고 결국은 자신도 망친다. 동양의 역사에서는 가장 욕되게 묘사하는 인물이다. 충신은 자신은 죽어 명예를 남기지만 왕을 욕되게 한다. 대표적인 사례가 오월동주의 오자서이다. 위징이 보기에 충신이나 간신 모두 자신의 주군을 욕되게 하고 나라를 위태롭게 하기 때문에 바람직하지 않다는 것이다.

위징이 제시한 양신이란 왕과 신하가 함께 성공하게 하는 현명한 신하를 말한다. 군신관계가 서로 견제하고 갈등하는 것이 아니라 군신공치君臣共治를 하는 경지를 말한다. 즉 요즘 식으로 표현하면 노무현 전 대통령이 말한 동지적 관계라 할 수 있을 것이다.

그러나 역사상 성군이 별로 없듯 양신도 별로 없다. 군신 간에도 권력 게임이라는 현실이 있기 때문이다. 양신을 언급한 위징 역시도 양신은 아니었다. 당태종이 권력을 위임한 참모나 신하는 아니었기 때문이다. 형제의 난을 일으켜서 집권한 당태종이 스스로의 정당성을 확보하기 위해 정적(당태종 이세민의 형)의 참모였던 위징을 곁에 두고 그의 조언을 들었다고 한다. 쉽게 말해 당태종을 성군으로 포장하기 위해 이용한 측면이 크다. 수양대군을 세조로 만든 조선의 한명회 정도가 군신공치를 성공적으로 한 인물이라 할 수 있을 것이다. 세조로서는 정당성이 위협받고 왕권이 약했기 때문에, 관료조직과 병권 등 권력을 장악한 신하들과의 연대가 불가피했을 수 있다. 그래서 한명회 역시도 양신으로 평가받기에는 한계가 있어 보인다.

084

조직의 넘버2를
지정하라

남자들은 서열이 정해질 때까지 싸운다. 오래된 영화《넘버3》
도 조폭들의 서열에 관한 이야기다. 권력도 마찬가지다. 참모들
간의 서열이 정해질 때까지 내부 권력투쟁이 진행된다. 설령 서
열이 정해진다 해도 물밑 싸움은 멈추지 않는다. 유능한 지도
자는 서열을 정해 준다. 유방은 한신을 대장군으로 임명하고
전 군대가 보는 앞에서 퍼포먼스까지 해 주었다. 한신은 동네
건달들의 가랑이 밑을 지나갔던 과거 경력과 그로 인한 평판
때문에 능력이 있어도 항우에게 중용되지 못했다. 그런 한신을
보란듯이 대장군으로 임명하고 서열을 정해 줬다. 그것도 객장
출신인 한신을… 리더가 넘버2만 정해 주면 나머지 서열은 넘

버2가 정리한다.

반대로 무능한 리더는 서열 정리를 안 한다. 그러면 참모들은 서로 지쳐 죽을 때까지 싸우거나 싸우다 죽는다. 그것이 권력의 속성이다. 누군가에게 힘이 쏠리는 것이 두려워서 서열 정리를 안 해 주는 경우도 있지만, 그러한 의심이 들면 그 사람을 참모로 쓰지 말아야 한다.

B급 인재(사회적 평판기준)를 참모로 두지 마라. B급 참모가 들어오면 그 밑에는 C급, D급뿐이다. 최악의 조직이 된다. 참모의 격을 높여야 그 조직의 격이 높아진다. 참모가 실무자 수준이라면, 그 조직은 리더 1인의 조직이 될 뿐이다.

085

권력의 칼을 주면
그 사람의 본질이 보인다

어떤 사람이 국회의원이나 시장, 군수가 되고 난 후에 '달라졌다'는 말을 많이 듣는다면, 그건 그 사람이 달라진 것이 아니라 그 사람에게 내재되어 있던 또 다른 자아(인간의 본성일 수도)가 나타난 것이라고 보는 것이 타당하다고 생각한다.

착하고 선한 사람이 좋은 리더가 되는 것은 아니다. 동료들로부터 착하고 성실하다고 평가받던 사람이 국회의원이나 시장, 군수가 되면 돌변하는 경우가 많다. 온정주의나 가족 이기주의에 빠지는 것도 문제지만 정반대로 움직이는 경우도 많다. 물론 권력의 성질은 개인의 인성으로 결정되는 것이 아니다.

통제받지 않는 권력이란 그것이 자본의 힘이든 정치권력

이든, 내면에 감춰진 인간의 본성을 드러나게 한다. 자신이 누구의 지휘나 통제를 받지 않는 최고의 지도자가 되었을 때 그렇다는 것이다. 민주주의란 이러한 문제를 해결하기 위해 곳곳에 민주적 통제 절차를 두고 있지만 고삐가 풀린 권력은 선거를 통해서 후행적으로 통제할 수밖에 없다.

086

뻐꾸기를
조심하라

뻐꾸기는 탁란托卵으로 유명하다. 탁란이란 남의 둥지에 알을 낳아 둥지의 주인이 자기 새끼를 키우게 하는 것을 말한다. 뻐꾸기는 다른 새의 둥지에 알을 낳고, 그 알은 부화하면서 잠재적 경쟁자인 원래 있던 새의 새끼들을 다 죽이고 어미 새로부터 극진한 돌봄을 받다가 때가 되면 어미 새를 버리고 둥지를 떠난다.

여의도 정치 세계에서는 뻐꾸기식 탁란 정치가 비일비재하다. 옛날처럼 장기집권이 보장되는 왕권국가가 아니기 때문에 생존방식으로 남의 둥지에 알을 낳는 것을 채택했을지도 모른다. 물론 탁란을 하는 당사자 입장에서는 교토삼굴狡兔三窟일

수 있다. 영리한 토끼처럼 자기가 숨을 수 있는 굴을 많이 파둔 것일 수 있다. 각 정당의 대통령 후보 경선이나 당대표 선출을 위한 전당대회(전국대의원대회), 그리고 국회의원실 보좌진 등 등 탁란의 장소와 방식이 다양해졌다. 진화론에서 알 수 있듯이 살아남기 유리한 방식으로 생존방식이 진화하는 것은 인지상정일지 모른다.

안타까운 것은 자기 새끼가 다 죽는 것도 모르고 뻐꾸기를 키우는 어리석은 어미 새의 최후다. 권력은 나누는 것이 아니라는 말처럼, 참모들 사이에서도 권력투쟁이 존재하는데, 작고 보잘것없어 보이는 자기 새끼보다 크고 건강한 뻐꾸기 새끼를 선택하는 리더들이 적지 않다.

087

리더는 개와 늑대를
구별해야 한다

통상적으로 개는 아무리 사나워도 주인을 물지 않지만, 어려서부터 잘 키운 늑대는 주인도 물 수 있다. 황혼 녘 해가 질 무렵을 프랑스에서는 개와 늑대의 시간이라고 한다. 블루아워 Blue Hour는 해 질 무렵 푸르스름한 빛을 띠어 개와 늑대를 구별하기 어려운 시간이다. 해가 뜨고 나면 개와 늑대가 명확히 구분되지만 권력이란 대부분 블루아워에 갇혀 있다.

일반적으로 정치인들은 누군가에게 복종하기보다는 스스로 대장이 되고자 하는 늑대의 성질이 강하다. 반면, 국회의원 보좌관들은 이러한 주인을 지키려는 개의 성격이 강하다고 할 수 있다(물론 사람을 동물에 비유하는 것은 적절치 않지만). 대통령 후보 경선이나 당대표 경선을 치러 본 정치인들(경험이 많지 않은)은 다른 정치인들의 충성 맹세를 쉽게 믿는 경향이 있다. 그들 속에 있는 늑대의 본성을 잘 모르기 때문이다. 또한 늘 충성스러운 개보다는 사납고 강해 보이는 늑대가 더 매력적일 수 있기 때문이다. 그런데 블루아워가 지나고 주인이 위기에 처하거나 상처를 입으면 제일 먼저 주인에게 달려든다. 그들이 결국 늑대였음을 알게 되지만 그때는 늦었다.

구맹주산

구맹주산 狗猛酒酸은 『한비자』 「외저설우」에서 유래한 성어다. 송나라 때 술장사꾼이 있었는데, 술을 빚는 재주가 좋고 친절하며 정직하게 장사를 하였음에도 술이 잘 팔리지 않았다. 이상하게 여긴 그가 마을 어른 양천을 찾아가 이유를 묻자, 양천이 되물었다. "자네 집의 개가 사나운가?" 술을 파는 자가 "그렇습니다"라고 답했다. 양천이 말하길, "어른들이 아이를 시켜 술을 사 오게 하는데, 당신네 개가 사나우면 들어갈 수가 없으니, 술이 팔리지 않고 시어 가는 것이네"라고 하였다. [네이버 지식백과] 구맹주산狗猛酒酸 -두산백과 두피디아 참고

술이 아무리 맛있어도 그 술집을 지키는 개가 사나우면

팔리지 않는 법이다. 여기서 개란 간신일 수도 있고, 권력에 대한 그립이 강한, 독점력이 큰 문지기(게이트 키퍼)일 수 있다. 내 주위에 좋은 사람이나 뛰어난 사람이 없다면 리더들은 한번쯤 생각해 봐야 한다. 나에게는 충성스러운 나의 참모가 남에게는 사나운 개처럼 짖고 있는 것은 아닌지…

리더는 자신을 널리 알리고 인재들이 올 수 있도록 문을 열기 전에 자기 참모 중에 사나운 개가 있는지 확인해 봐야 한다. 사나운 개는 사냥에는 적합할지 몰라도 인재를 얻는 데는 적합하지 않다.

089

개의 나쁜 행동은
주인이 만든다

반려동물로서 가장 많은 사랑을 받고 있는 동물은 단연 강아지들이다. 이른바 '개통령'으로 불리는 강형욱의 프로그램을 보면서, 좋은 개는 좋은 주인으로부터 나온다는 것을 깨닫게 된다. 주인이 과도하게 애정을 베풀거나 감정이입을 해서, 개를 개가 아닌 사람처럼 대할 경우 개의 행동이 나빠진다. 상벌 등 보상이 명확하고, 주인이 통제하고 있다는 느낌을 정확하게 전달해 주지 않으면 개들은 주인이 원하는 것이 아닌 자기 스스로의 행동체계를 수립한다.

사람과 개를 비교하는 것은 부적절해 보이지만, 조직에서 아랫사람의 행동에 문제가 발생한다면, 그 원인은 그의 상사나 리더인 경우가 더 많다. 아랫사람들은 리더들이 막연하게 인정을 베풀어 주는 것보다 출퇴근 시간을 정확히 지켜 주고, 일에 대한 보상을 명확히 해 주는 것을 신뢰한다. 밥도 사 주고 술도 사 줬는데 자신의 통제에 따르지 않는다고 푸념하는 것은 바보 같은 일이다.

예전에 게마인샤프트(전통적인 공동체)와 같이 정서적 유대가 강한 조직일 때는 일부 효용성이 있었지만, 현대 사회에는 학연, 지연, 혈연과 같은 친분이나 인정에 호소하기보다 상벌 등 보상체계의 원칙을 정하고 예측 가능하게 만들어 주어야 믿고 따른다. 용장勇將 밑에 약졸弱卒 없고, 약장 밑에 용졸 없다는 말이 있다. 좋은 부하는 좋은 리더가 만드는 것이다.

090

안정되게 일할 수 있는
환경을 만들어라

무항산무항심無恒産無恒心이라는 성어는 『맹자』에 나오는 말로, 백성들이 먹고살기 힘들면 일관된 마음을 가지기 어렵다는 뜻이다. 농경사회에서 전쟁을 한 번 일으켜서 농번기에 농삿일을 하지 못하면 당장 민생이 피폐해진다. 이러한 불만이 지속되거나 확산되면 타국과의 전쟁에서도 승리하기 어렵다. 현재도 각국 경제지표에서 가장 중요한 지표 중 하나가 고용율 또는 실업률이다. 특히 완전고용을 내세웠던 사회주의를 표방하고 있는 중국은 실업률에 예민하다.

그런데 이것은 국가 차원의 문제만은 아니다. 범위를 좁혀서 하나의 조직을 예를 들면, 아랫사람들의 먹고사는 문제를 해결하는 것이 리더의 역할이다. 아랫사람이 먹고사는 게 안정되지 않으면 반드시 그 화가 리더에게 미친다. 배신이란 가장 가까운 사람들이 하는 행위다. 나에 대해 많은 정보를 가지고 있을수록 배신의 리스크는 커지는 법이다.

국회에서 국회의원을 보좌하는 보좌진들은 흔히 말하는 어공(어쩌다 공무원)들이다. 늘공(일반 공무원)들은 먹고사는 게 보장되어 있고, 공무원연금도 쏠쏠하고, 고위직은 퇴직 이후 산하기관 취업도 가능하다. 어공들은 그렇지 않다. 어공들이 공무원연금을 받는 일 자체가 쉽지 않다. 4년마다 치러지는 선거에서 국회의원들의 생환율은 50% 남짓이기 때문이다. 더 큰 문제는 보좌진들은 4년마다 교체되는 것이 아니라 수시로 임의로 교체될 수 있다는 것이다. 잦은 교체를 하는 국회의원에 대한 충성심이 높을 리 만무하다. 아랫사람들이 안정되게 일할 수 있는 환경을 만들어 주는 것이 정치권에서 리더의 중요한 역할이다.

좋은 참모는
위기 때 빛이 난다

인간은 불완전한 존재다. 이성적으로 행동하려고 노력할 수 있고 반이성적으로 살려고 하는 사람도 있지만 대부분의 사람은 대체로 본능적이고 직관적으로 행동한다.

　로봇이나 컴퓨터와 달리 대부분의 인간들은 100번 똑같은 일을 해도 1~5번 이상의 실수를 한다. 통계학에서 나오는 신뢰구간의 범위에서 인간들은 실수를 한다. 따라서 실수는 확률적으로 발생한다. 반복하는 정도의 차이, 실수의 중대성 문제 등등만 다를 뿐이다. 실수를 막는 것은 불가능한 신의 영역이나 기계의 영역이지만, 실수를 줄이는 것은 사람의 영역이다. 미리 반복적으로 시뮬레이션하고 크로스체크하면서 실수를 줄이지만, 앞서 말한 것처럼 실수는 확률적으로 발생한다. 블랙 스완처럼… 0.15%의 확률로 암세포가 존재한다고 할 때, 일반 사람에게는 거의 발생하지 않을 일처럼 다가오지만 당사자에게는 100%의 확률로 다가온다. 거의 발생하지 않을 확률의 일이 내게 발생했을 때, 그것이 나의 고의든 실수든, 그것을 해결하는 것은 본인과 본인의 속한 집단이 해결해야 할 과제가 된다.

『논어』에 소인은 실수를 했을 때, 필문小人之過必文이라고 했다. 소인은 실수에 대한 변명이나 해명을 한다는 것이다. 군자는 잘못을 알면 필개必改라고 했다. 군자는 과오를 저지르면 바로 잡는다는 것이다. 현실 정치에서도 크게 다르지 않다. 누구나 과오를 범할 수 있는데, 자신의 잘못에 대해 변명이나 해명만 늘어놓는다면 국민들은 그를 지도자로 보지 않고 소인으로 본다. 즉, 그의 리더로서의 이미지는 큰 데미지를 받게 된다. 국민들은 누구나 실수를 할 수 있다는 것을 안다. 그것이 탐욕에 의한 것일 수도 있고 단순한 실수일 수도 있다. 중요한 것은 정치 지도자들이 실수를 대하는 태도를 보면서 그의 사람 됨됨이와 그릇을 본다.

백번 잘하는 것보다
한 번의 실수를 경계하라

살다 보면 일 년에 한두 번씩 위기가 온다. 정치인과 같은 권력자들은 하루에도 한두 번씩 보이는 위기와 보이지 않는 위기가 올 수 있다. 위기는 외부에서 잘 보이지 않을 뿐이지 항상 내재되어 있고, 수면 아래 존재하고 있다.

정치인들은 선거가 끝나고 나면 1/3 정도의 당선자들이 피의자 신분이 되고, 의정활동 4년 동안에도 끊임없는 고소고발이 이어진다. 그러다 보니 1~3% 정도(신뢰구간 범위에서의)의 일탈을 제외하고는 알려진 것보다 상당히 도덕적일 수밖에 없다. 언론이나 검찰에서 정치인들을 권력으로 자신의 비도덕성을 은폐하려는 파렴치한 집단으로 묘사하고 있지만, 내가 겪어 본

직업군 중에서 가장 도덕적인 곳이 정치라고 자신 있게 말할 수 있다. 누구와 밥을 먹고, 누가 계산했는지, 어떤 선물을 주고받았는지, 누가 누구에게 왜 돈을 주었는지, 어떠한 목적과 경로로 전달했는지 등등 항상 언론의 감시를 받으면서 선거관리위원회 등에게 투명하게 회계보고를 하는 정치인들은 경제인보다 유리 상자 안에서 노출된 삶을 살고 있기 때문이다.

그럼에도 정치리더들은 일반인보다 리스크가 큰 삶을 살고 있다. 리더들의 잘못된 언어 선택에서 올 수도 있고, 상황에 맞지 않는 부적절한 행동에서도 올 수 있다.

뛰어난 참모는 잘나갈 때보다 리스크가 왔을 때 돋보이는 법이다. 많이 알려진 '신문기사 마사지'란 대언론 리스크 관리 방법의 하나일 뿐이다. 금융기관은 리스크 관리위원회나 내부 통제위원회를 통해 조직적으로 리스크를 사전적으로 관리하고 있다. 대부분의 정치인들은 참모의 직관과 경험에 의해 리스크를 사후적으로 관리하는 편이다. 유능한 참모는 사전에 관리하지만 무능한 참모들은 사후에 수습하기 바쁘다. 그래서 유능한 참모가 중요하지만 리더들은 댐이 무너질 때까지 리스크를 알지 못하고, 유능한 참모가 누구인지 알지 못하는 것이 문제다.

093

리더를 설득하는 일이
가장 어렵다

리더(윗사람)를 설득하는 일이 어렵다는 이야기를 한비자가
「세난편」에 별도로 정리해 둘 만큼 세난說難이란 참모들에게
는 어렵고 힘들지만 중요한 일이다. 설득은 나의 이야기가 누
구를 위한 것이냐는 것을 명확히 해야 한다. 이것이 당신에게
이롭다는 것을 증명해야 설득에 성공할 가능성이 커진다. 맹
자는 왜 이익利을 말하냐고 하겠지만, 현실 정치에서는 명분을
의미하는 義(의)란 결국 실리, 즉 利(이)를 위한 장식이나 포장
에 불과하다.

　성공한 리더를 꿈꾸는 리더들은 항상 '자기의 의견과 다른
좋은 의견이나 다른 생각이 있으면 기탄없이 말하라'고 한다.

또 이러한 아이디어를 채택하고 그 아이디어를 낸 제안자를 칭찬하기도 한다. 그런데 아랫사람이 리더의 의견에 반대하면 처음엔 소신이 있다고 생각할 수 있지만, 두 번 반대하면 고집이 있다고 생각할 수 있고, 세 번 반대하면 자기를 싫어한다고 생각할 수 있다. 리더도 사람이기 때문이다.

리더와 참모들의 의견이 충돌하는 경우는 비일비재하다. 특히 아이디어가 많거나 리더의 신임을 받는 유능한 참모일수록 충돌할 확률이 커질 수밖에 없다. 동일한 말이라도 처음에는 조언이나 충언으로 듣다가, 어느 한순간부터 부담이나 겁박으로, 적어도 건방 떤다는 느낌으로 반응한다면, 그때가 설득을 멈춰야 할 때이다. 메신저를 바꾸어야 할 때란 신호이기도 하다.

대체로 리더들은 목표지향적이라 보는 시야가 넓지 않지만, 리스크를 관리해야 하는 참모들은 모든 정보를 수집해야 하기 때문에 보통 리더보다 많은 정보를 가지고 있다. 리더가 올바른 선택을 하도록 조언하는 것은 참모로서 매우 중요한 일이다. 그런데, 설득에 실패할 경우, 오자서의 예처럼 목숨을 걸고 진언을 하지만 본인은 죽어 충신이 되고, 나라는 망하고, 왕은 어리석은 왕으로 남게 된다.

094

좋은 리더를
찾아라

중국 전국시대 말엽, 한나라에 여불위라는 장사꾼이 있었다. 여불위는 조나라 도읍 한단에서 볼모의 신분으로 조나라에 와 있었던 진나라 소양왕의 손자인 자초(훗날 진시황의 아버지)를 알아 친하게 지냈다.

여불위는 장사를 마치고 귀국하자마자 아버지한테 지혜를 구했다. "밭을 갈아 농사를 지으면 한 해에 어느 정도의 벌이가 될까요?" "많아야 10배 정도겠지". "보석에 투자를 하면요?" "그건 넉넉잡아 100배쯤 될까". "그럼 한 나라의 임금을 만드는 경우의 투자 효과는 어떨까요?" "그야 천만 배도 더 되겠지. 하지만 그 무슨 뚱딴지같은 소리냐?"

여불위는 진나라 정빈인 화양부인에겐 소생이 없기에 자초를 비롯한 서출 왕자 중에서 후계를 세울 것을 예견했다. 귀국하자 막대한 선물을 가지고 화양부인을 찾아가 자초가 전하는 물건이라며 전했다. 화양부인의 마음을 사는 데 성공한 여불위는 조정 대신까지 구워삶아 마침내 자초를 장양왕으로 등극시켰다. 이것이 기화가거奇貨可居의 유래다. 진기한 물건은 사둘 만한 가치가 있다는 뜻으로, 훗날 큰 이익으로 돌아올 물건이나 사람한테 투자해 두는 것을 말한다.

현대 정치판에도 '기화'가 있다. 그리고 그런 기화를 가지고 대통령을 만들거나 국회의원을 만든 사람들도 있다. 박지원 같은 사람이 대표적이다. 전두환이 대통령으로서 미국을 방문했을 때 한인회장의 자격으로 전두환을 찬양했던 인물이지만, 김대중 전 대통령이 미국에 갔을 때 김대중 대통령이 기화라는 것을 알아보고 대통령을 만든 인물이다. 대통령급이 아니더라도 국회의원급에서도 이런 사례가 있다. 국회 보좌관들 중에는 기화를 알아보고 보좌진이 된 경우도 종종 있다.

여불위에게는 사람을 볼 줄 아는 안목, 미래에 대한 예측 능력, 과감하게 투자하는 배짱, 그리고 그것을 실현해 낼 수 있는 추진력이 있었다. 훗날 진시황에게 제거당하는 비운으로 끝나지만 자초(장양왕)에게는 든든한 충신이자 가장 신뢰할 참모였던 여불위. 아들 정政(훗날 진시황)은 권력 앞에서는 경쟁자이자, 정치적으로는 부담스러운 존재인 여불위를 살려 두기 어려웠을 것이다. 여불위처럼 기회는 잡았지만 물러날 때를 몰라 그 끝이 아름답지 못한 정치인들은 비일비재하다.

095

리더를 알려면
그가 쓰는 사람을 봐라

공자는 자하와 자공을 비교하면서 자기가 죽은 이후에 자하
는 더 성장하지만 자공은 그렇지 못할 것이라고 예언했다. 그
이유는 평소 그들이 누구와 함께하고 있냐는 것인데, 자하는
자기보다 나은 사람과 함께하고 있지만 자공은 자기보다 못한
사람과 함께하고 있기 때문이라는 것이다. 누구하고 함께하고
있느냐는 단순히 개인적인 문제가 아니라 그 개인이 가지고 있
는 향기와 품격이 조직 전체에 영향을 주기 때문에 매우 중요
한 문제이다. 특히 국회의원실과 같은 10명 이하의 조직에서는
직급과 상관없이 한 개인 개인의 품성이 조직 전체에 큰 영향
을 미친다.

부지기군 시기소사不知其君 視其所使라고 했다. 그 임금을 모르겠거든 그 신하를 보라는 말이다. 진실한 리더는 진실하고 성실한 사람과 함께하고, 일을 도모하기를 좋아하는 리더는 모사꾼을 원할 것이다. 민주적인 리더는 자율적인 참모를 원하고, 권위적인 리더는 복종적인 부하를 원할 수 있다. 그래서 아랫사람을 보면 역으로 리더의 성향과 사람 됨됨이를 알 수 있다.

성공한 정치인 중에는 윗사람이나 외부 인사를 만날 때는 공손하고 예의 바른 사람도 아랫사람이나 동료에게 함부로 대하는 경우가 있다. 그런 사람들은 평소(권력을 얻기 전에) 아랫사람을 착취하고 남을 짓밟고 그 자리까지 갔다는 후문이 전해지기도 한다. 그런 사람은 겉과 속이 다른 것이 아니라 눈이 흐려 그 속을 못 본 것뿐이다.

096

리더를 선택하기 전에
실력부터 키워라

양금택목良禽擇木(좋은 새는 나무를 가려서 둥지를 튼다)이란 말이 있다. 현명한 사람은 자기 재능을 알아주고 잘 지원해 줄 사람을 후원자로 선택해야 한다는 말이다. 진시황의 책사인 이사李斯가 하위직으로 일을 할 때, 사람과 개의 눈치를 보며 살아가는 뒷간의 쥐와 인간과 개의 눈치 안 보고 창고 안에서 배불리 먹고 사는 곳간의 쥐를 보면서 인간도 어떠한 환경에 있느냐가 중요하다는 것을 깨닫고, 곳간의 쥐가 되기 위해 순자를 찾아가 공부를 했다는 말이 있다. 그런데 현실은 어떨까.

큰 나무 아래서는 작은 나무가 자라기 어렵다는 말이 있다. 큰 나무 그늘을 벗어나지 못하기 때문이다. 가지 많은 나무는 크게 자라지 못한다는 말도 있다. 나무가 크게 자라려면 곁 가지를 쳐 내는 비정함과 냉철함이 있어야 한다. 크고 곧게 자 란 나무는 다 자라고 나면 어느 건축물 기둥으로 잘려 나갈 것 이다. 잘 못 자라서 아무도 선택해 주지 않아 선산을 지키는 나 무가 된 경우만도 못할 때가 많다. 결국 좋은 나무란 스스로가 판단하고 결정해야 한다. 편히 쉬기 좋은 곳이 좋은 나무인지 자기가 성장할 수 있는 나무가 좋은 나무인지…

누구나 좋은 회사(보수나 근무 조건, 미래 전망 등)에 들어가 고 싶어 하지만, 그 회사와 그 회사에서 해야 하는 일이 나에게 적합한지는 알기 어렵다. 많은 경우, 남들이 좋다고 하는 평판 때문에 선택하지만, 일단 평판이 좋은 곳은 들어가기도 어렵지 만, 들어가고 난 이후에도 일을 하는 자기 자신에 대한 주변의 평판은 냉정하거나 심지어 모질 때도 있다. 처음 들어가면 그 동안 갈고닦은 실력을 발휘하기보다는 새로운 일을 배우는 시 간이 대부분이다.

국회의원실도 그렇다. 누구나 대선주자급이나 명망 있거 나 평판이 좋은 국회의원과 일을 하고 싶어 하지만 현실적으 로 쉽지 않다. 물론 사적인 인연도 무시할 수는 없지만 스스로 실력을 쌓아서 본인의 평판을 가지고 리더의 선택을 받는 경우 가 대부분이다. 그러려면 먼저 실력을 쌓아야 한다. 그리고 그 러한 가운데 자신의 장단점에 대해서 스스로 판단할 수 있어야 한다. 글쓰기에 장점이 있는 경우, 네트워킹에 장점이 있는 경우도 있고, 분석능력이나 문제의 급소를 정확히 간파하는 통찰력이 장점인 경우도 있다. 양금택목은 본인이 이런 실력을 갖춘 이후의 얘기다.

참모는 비언어적 메시지에
더 유의해야 한다

1971년 캘리포니아대학교 심리학자인 앨버트 머레이비언Albert
Mehrabian 교수의 저서 『Silent Messages』(침묵의 메시지)에서 주
장한 내용으로, 상대와 대화를 하면서, 상대의 인상을 정하는
데 영향을 미치는 부분에서 대화의 내용이 7%고, 상대방의 목
소리는 38%며, 상대방의 표정과 태도가 55%로, 사람 간의 의
사소통에서 말의 의미보다 목소리, 음색, 얼굴 표정과 같은 비
언어적인 요소가 더 중요하다는 사실을 발견하고 주장했다.

정치에서 말이 차지하는 역할이나 비중은 상당히 크다. 특
히 SNS가 발달한 지금, 페이스북, 트위터, 카카오톡이나 텔레
그램 등을 통해 활발히 언어적인 소통을 하고 있다. 그렇다고

커뮤니케이션에서 언어보다 목소리 톤, 음색, 표정 등등 비언어적인 요소가 더 중요하다고 한 머레이비언 교수의 말을 간과해서는 안 된다.

유튜브나 이모티콘이 발달하는 이유는 단순히 언어로 전달이 안 되는 부분이 많기 때문이다. 글자로 전달될 때는 자신이 전달하고자 하는 뜻이 정확히 전달되지 않을 경우가 많다. 보통 사람들은 그 사람의 표정과 어투뿐만 아니라 평소의 언행 등을 종합적으로 봐서 판단한다. 멋진 글보다 진정성 있는 사진 한 장, 동영상 한 컷이 더 설득력 있을 수 있다. 물론 좋은 글과 행동이 연결되었을 경우, 시너지 효과가 크다.

기자회견을 할 때, 기자들이나 국민들은 정치인들의 표정이나 어투 하나하나 놓치지 않고 보고 있다는 것을 잊으면 안 된다. 많은 국민이 희생되어 국민 앞에서 슬픈 척을 한다고 해도, 그 전후에 골프를 쳤다고 한다면 그 진정성이 전달될까. 국민들은 단순한 하나의 행위만 보는 것이 아니라 맥락까지 본다. 참모들이 좋은 글을 써 주기 바란다면, 그에 앞서 좋은 행동, 선한 영향력을 미칠 행동을 해 왔는지부터 돌아봐야 한다.

리더의 배우자를 보지 못하면
반쪽만 보는 것과 마찬가지다

정치인들 중에서는 배우자나 가족들이 참여하는 것을 원천 봉쇄하거나 일정 정도 거리를 두는 경우가 종종 있다. 세습 권력이 아니라 선출직 권력의 경우, 이러한 태도가 올바른 것이나, 21세기에도 배우자 정치가 존재하는 것은 사실이다.

여성의 권리가 보장받지 못하던 봉건사회에서조차 베갯머리송사라는 말이 있었다. 가부장적 사회에서 부인이 권력 있는 남편을 통해 자신의 목표를 달성하기 위해, 잠자리에서 하는 정치를 말한다. 부부가 존재하는 한, 지금도 이러한 일은 비일비재하다. 다만, 양성평등을 지향하고 있는 현대 사회에서는 그 권력 크기가 여자가 더 클 수도 있다는 것이다.

옛날 왕실에서 그런 것처럼 대통령실이나 국회의원의 경우도 배우자의 권력이 적지 않다(상당수의 배우자는 정치에 관여하지 않지만). 신분이 보장되지 않은 이른바 어공의 경우, 최종 인사권이 대통령이나 국회의원 개인에게 있기 때문에, 배우자의 영향력이 훨씬 더 클 수 있다.

기업에서 리스크가 가장 큰 곳은 오너(또는 CEO)나 오너 일가인 경우가 대부분이듯, 정치도 마찬가지다. 영리한 배우자라면 돈이 있거나 권력이 있는 곳에서는 공식적인 조직을 통해서든, 비공식적인 조직을 통해서라도 이권에 개입하려고 한다. 진정한 참모는 배우자와 가족의 리스크를 관리할 수 있어야 하는 것이다.

099

직접 본 것이라도
전달할 때는 신중해야 한다

지혜로운 사람은 본 것을 이야기하고 어리석은 사람은 들은 것을 이야기한다는 탈무드의 이야기가 있다. 지혜로운 사람은 본 것도 이야기하지 않지만 어리석은 사람은 듣지 않은 것도 들은 체하면서 이야기한다. 듣고 싶은 것만 이야기하는 사람, 알고 싶은 것만 이야기하는 사람, 일반인들은 알기 어려운 일을 이야기하는 사람이 있다.

듣고 싶은 것만 들으면 리더는 독선과 오만에 빠지기 쉽고, 알고 싶은 것만 들으면 무능해진다. 일반인들은 알기 어려운 일이란-미리 경험해 보거나 전문가들의 식견이나 개별적인 깨달음 등등 많은 다른 배경이 있지만- 정작 듣는 사람 입장에서 자기와 관련된 이야기가 아니라면 귀담아듣지 않는다.

경험 많은 정치인들은 자기가 예측하기 어려운 상황에 놓여 있다 해도 그 결과까지 가는 동안 많은 변수가 있다는 것을 알고 있기 때문에 부정적인 이야기를 하는 사람보다 긍정적인 이야기를 하는 사람의 말을 듣는 편이다. 이것이 간신의 덫에 빠져드는 원인이 되기도 한다.

많은 경우 리더들은 자기를 가르치려는 참모를 원하지 않는다. 그래서 영리한 참모들은 리더가 신뢰할 만한 사람들을 통해서 말을 한다. 반대로 무능한 참모들은 자기가 알지도 못하고 보지도 못한 것들을 이야기하다 신뢰를 잃어버린다. 참모 자신이 제대로 알지 못한다면, 리더가 원하는 정보intelligence의 퍼즐을 완성시킬 수 없기 때문이다.

100

실수가 반복되면
실력이다

인간인 이상 시행착오는 누구든지 피할 수 없다. 인간은 시행
착오를 통해 학습하고 성장한다. 실수는 누구나 할 수 있지만,
소인은 실수하면 변명하려고 하고 군자는 고치려고 한다는 공
자님 말씀처럼 실수를 대하는 태도는 사람마다 다르다. 정상적
인 사람들은 실수를 하게 되면 반성과 성찰을 하고 그 실수를
반복하지 않으려고 노력한다. 그럼에도 난이도가 높은 일은 실
수가 반복되기 쉽다. 악기 연주를 보면, 전문가들도 어려운 곡
에서 실수한다. 수없이 연습했는데도 이러한 실수를 피해 갈
수 없다. 아마추어들은 취미생활을 계속하려면 가끔은 실수
를 즐겨야 할지도 모른다. 아마추어들은 목적이 단순히 악기가

아닐 수도 있기 때문에…

그러나 실수가 한 번이냐 두 번이냐 세 번이냐는 것은 완전히 다른 문제가 된다. 프로일수록 그 실수가 많아서는 안 된다. 실수가 없거나 거의 없는 사람을 프로라고 부른다. 실제 프로도 사람이기 때문에 실수를 안 할 수는 없다. 문제는 실수를 줄이려는 노력을 얼마나 했느냐, 그리고 얼마나 줄였느냐로 그 사람의 실력을 평가해야 한다. 실수가 반복되면 그건 그 사람의 실력이기 때문이다.

101

큰불만 쫓는 부나방은
되지 마라

사람마다 목표하는 지향점이 다르고 성격이나 취향이 같지 않으니 곁불을 쬐는 것과 쬐지 않는 것 중 어느 것이 더 좋다고 한마디로 잘라 말할 수는 없다. 다만 불이 커질수록 곁불 쬐는 부나방들이 많아지는 것은 어쩔 수 없는 일이다. 굳이 곁불을 피할 이유는 없다. 곁불은 불만 쬐지만 작은 불이라도 자기가 직접 피운 불이라면 누구 눈치 볼 일 없이 추위만 피하는 것이 아니라, 고기도 구워 먹고 라면도 끓여 먹을 수 있다.

큰불에 잘못 다가가면 불나방처럼 타 죽는 경우도 많지만 지금도 여전히 많은 불나방들이 서성거린다. 작은 불이라도 그 불을 직접 피울 수 있는 사람은 상응하는 보상을 받을 것이다.

물론 큰불 옆에서 곁불만 잘 쬐어도 자리가 높아질 기회가 오지만, 자리만 높을 뿐 아무것도 할 수 없다면 굳이 큰불 옆에 갈 이유가 있을까. 오늘도 여의도에는 신기루같이 크고 화려하고 큰불만 쫓아다니는 사람들이 바글바글하다.

성공하는 리더십을 위한
101가지 이야기

초판 1쇄 2023년 11월 21일

글쓴이 | 류재섭
펴낸이 | 김준연
편   집 | 최유정
디자인 | 김선미
펴낸곳 | 도서출판 단비

등 록 | 2003년 3월 24일(제2012-000149호)
주 소 | 경기도 고양시 일산서구 고양대로 724-17, 304동 2503호(일산동, 산들마을)
전 화 | 02-322-0268
팩 스 | 02-322-0271
전자우편 | rainwelcome@hanmail.net

ISBN -979-11-6350-100-8 03320
값 16,000원